Abriendo
Camino a la
Abundancia

D0888915

La Autora

Ellen Peterson es psicoterapeuta y curandera con capacidad intuitiva, y por más de quince años ha ayudado a individuos, parejas y grupos por medio de sus servicios de terapia. Es fundadora de AVENUES Counseling Center, en Ithaca, New York (Centro de terapia).

Es autora de *Choosing Joy, Creating Abundance: Practical Tools for Manifesting Your Desires*, publicado por esta editorial en el idioma inglés. Disfruta enseñando la forma de alcanzar una vida de abundancia, y es responsable un seminario sobre abundancia llamado *Enriching Your Life* (Enriqueciendo tu vida). Ella dirige grupos de retiro enfocados en el crecimiento personal. Para mayor información sobre la autora y sus seminarios, por favor visite htpp://www.ellenpeterson.com.

Ellen ha sido entrevistada en la radio y televisión de los Estados Unidos, y es miembro de la National Association of Social Workers (Asociación Nacional de Trabajadores Sociales), y de Heart-Centered Therapies Association (Asociación de Terapias del Corazón).

Muchos de los autores de Llewellyn tienen sitios en Internet con información y recursos adicionales. Por favor visítenos en:
http://www.llewellynespanol.com

Abriendo Camino a la Abundancia

*Manifieste la libertad
y la alegría
de una vida plena*

Ellen Peterson

Traducción al idioma Español
Edgar Rojas

Llewellyn Español
Woodbury, Minnesota

PRIMERA EDICIÓN
primera impresión 2007

Coordinación y Edición: Edgar Rojas
Diseño de la Portada: Gavin Dayton Duffy
Imagen de la Portada: © Creatas/Punchstock
Título Original: *Abundance for Beginners*
Traducción al Español: Edgar Rojas

Library of Congress Cataloging-in-Publication Data for *Abundance for Beginners* is on file at the Library of Congress.
La información sobre este libro está en trámite en la Biblioteca del Congreso.

ISBN 978-0-7387-1076-1

Llewellyn Español
Una división de Llewellyn Worldwide, Ltd.
2143 Wooddale Drive, Dep. 978-0-7387-1076-1
Woodbury, MN 55125, U.S.A.
www.llewellynespanol.com

Impreso en los Estados Unidos de América

Otros libros de Ellen Peterson

Choosing Joy, Creating Abundance:
Practical Tools for Manifesting Your Desires

(Publicado en Inglés, Llewellyn Publications, 2004)

Contenido

Agradecimientos . . . ix
Introducción . . . xi

Parte Uno: La abundancia es posible . . . 1

Capítulo uno
Más que suerte de principiantes . . . 3

Capítulo dos
La espiritualidad hace parte de la abundancia . . . 15

Capítulo tres
Entrando al camino de la abundancia . . . 33

Capítulo cuatro
Apártese de lo tradicional . . . 51

Parte Dos: La abundancia es fácil: Los detalles de cómo manifestar los deseos . . . 69

Capítulo cinco
Coordine sus pensamientos con sus deseos . . . 71

Capítulo seis
El arte de la visualización . . . 89

Capítulo siete
Proclamación: Afirmando sus deseos . . . 113

Capítulo ocho
La confianza: Lo acerca más a sus deseos . . . 125

Capítulo nueve
Generosidad y abundancia:
La relación entre dar y recibir . . . 139

Contenido

Capítulo diez
   Integridad y abundancia . . . *159*

Capítulo once
   Abra paso a su abundancia:
      Ella lo está esperando . . . *173*

Parte Tres: La abundancia es divertida . . . *185*

Capítulo doce
   Disfrute el vigor de la abundancia . . . *187*

   El credo de la abundancia . . . *203*
   Apéndice A: Explorando el valor personal . . . *205*
   Apéndice B: Meditación para el trabajo ideal . . . *209*
   Lecturas sugeridas . . . *213*

AGRADECIMIENTOS

Primero que todo, tengo que agradecer a Dios por permitir que otro de mis sueños se hiciera realidad. Él sigue siendo el mejor co-autor que cualquier persona pueda tener.

Agradezco a mi adorada familia, Jamie, Kelci y Marissa, quienes me apoyaron con el amor y comprensión necesarios para hacer mi sueño realidad. Agradezco a mis padres Charles y Doris Peterson, por el regalo de la vida que me brinda innumerables oportunidades para aprender y enseñar.

Agradecimientos

He sido bendecida por el amor de mis hermanos Maureen Hanak, Barry Peterson y Karan Cooney y sus hijos, a quienes les dedico este libro con amor: Steven, Joshua y Timothy Hanak; Kristen Garcia; Kerri D'Amico; Steven, Lisa, Jeff y Jackie Peterson; y a Brianna y Richard Cooney. Que este libro sirva de guía en sus caminos hacia la abundancia y les permita experimentar vidas con riqueza y felicidad.

También deseo agradecer a mis numerosos clientes, en especial a aquellos quienes han viajado a través del Personal Transformation Intensive MR (Transformación Personal Intensiva) conmigo. Juntos hemos vencido obstáculos que de otra manera nos habrían impedido disfrutar de las innumerables posibilidades de la vida. Agradezco al dedicado personal de Llewellyn, quienes me han brindado la oportunidad de escribir y crear de una forma antes inimaginable para mí. Además, quiero agradecer a Karen Howarth por su experiencia tan creativa tanto en la escritura, como en la manera de disfrutar la vida. Gracias por hacer la edición de este libro una etapa placentera.

Deseo que sus vidas personales y profesionales estén llenas de paz, felicidad y saturadas con abundancia. Que sus caminos se abran a nuevas oportunidades, creando la vida donde todos sus sueños se tornen realidad.

INTRODUCCIÓN

Lo que creo es que, con el esfuerzo apropiado,
hacemos del futuro casi todo lo que deseamos que sea.
—Charles F. Ketterling

Usted se encuentra en la encrucijada de su vida. Ésta lo ha llevado hacia un nuevo comienzo, y es aquí donde debe escoger su dirección.

Con frecuencia decimos a alguien que se enfrenta a un nuevo horizonte: "Ésta es la oportunidad de tu vida". Quizás es una apreciación acertada, pero hay muchos momentos maravillosos a través de la vida que se caracterizan por su gran importancia: Graduaciones, matrimonios, la compra de una vivienda, la llegada de un nuevo bebé, una promoción laboral, el cambio de domicilio, el inicio de un nuevo negocio; todos representan grandes momentos en nuestras vidas.

Los nuevos comienzos son emocionantes, y a la vez aterradores; son momentos de creación. Es el tiempo de soñar, de idealizar su vida perfecta. Las decisiones que tome en estos instantes lo afectarán indiscutiblemente. ¿Escogerá una vida de tranquilidad o de tormento? Las encrucijadas son instantes increíbles, llenos de emoción y terror; ¿cuál camino escogerá?

Algunas personas mantienen vivos los sueños originados desde la niñez, y tienen fija la imagen de un matrimonio perfecto o una profesión ideal. También pueden especular sobre el número de hijos que tendrán y la clase de familia que formarán. Para las personas con aptitudes visuales, soñar es la parte fácil; pueden visualizar sin problemas hasta el mínimo detalle sus sueños y deseos. Por otra parte, existen muchos individuos con dificultades para visualizar, los cuales sufren mientras tratan de cumplir con sus sueños.

¿Es importante visualizar sus sueños? La respuesta depende de usted. Usted debe tener deseos, y sin duda hay numerosas cosas que le gustaría atraer a su vida —dinero, un trabajo satisfactorio, relaciones personales estables y duraderas, una vivienda agradable, un buen auto, una vida de abundancia, alegría y plenitud—. Para iniciar el proceso

de atraer abundancia a su vida, debe atraer una vida abundante; es tan fácil como *querer* abundancia.

Abriendo Camino a la Abundancia marca el comienzo
de un maravilloso y fructífero viaje hacia una vida feliz y
con abundancia. Este libro lo guiará a través de pasos sen-
cillos hacia el cumplimiento de sus sueños y deseos, y la
creación de una vida de plenitud.

Los sueños comienzan como simples ideas, ¿puede
mantener una idea en su mente? ¿Tiene idea de lo que le
gustaría tener o experimentar en su vida?

Sin duda alguna, algo fantástico está a punto de suceder.

PARTE UNO

LA ABUNDANCIA ES POSIBLE

CAPÍTULO UNO

MÁS QUE SUERTE
DE PRINCIPIANTES

El destino no es cuestión de suerte;
es el resultado de una decisión.

—WILLIAM JENNINGS BRYAN

Usted está dando sus primeros pasos hacia la abundancia. Si es como muchos otros principiantes, se sentirá extraño e incómodo con la sola idea. Sin duda preferirá saber cómo hacer algo, en lugar de tener que aprender.

Los principiantes son ansiosos e inseguros de cómo proceder, y prefieren saltarse los pasos hasta llegar al punto donde ya lo saben todo, y así evadir los sentimientos negativos asociados con la categoría de principiantes. Algunos ignorarán estos primeros capítulos con la intención de encontrar la respuesta inmediata. No desean aprender cómo hacer las cosas, sólo quieren ser capaces de hacerlo.

Este afán es ejemplificado por aquellos que evitan leer las instrucciones y sólo quieren "armar" algo de inmediato, sin aprender *cómo* hacerlo. En su esfuerzo de evadir la sensación de incomodidad por no saber, se adelantan y arriesgan lo que más temen: fallar. Cuando cometen un error, desperdician su tiempo tratando de hacer de nuevo lo que han hecho incorrectamente, y se enojan consigo mismos por no hallar la solución.

Esa actitud es la receta para el fracaso. La mayoría de las personas tienen temor a fallar, a cometer errores, a hacer lo incorrecto. El temor los previene de tomar los riesgos necesarios para lograr el éxito. El éxito comienza desde un principio, y todos aquellos que han triunfado, empezaron como principiantes antes de convertirse en expertos.

Un principiante no es sólo una persona con falta de conocimiento; es mucho más que la sabiduría que posee o ignora. Es alguien novato a un proceso o experiencia, alguien quien se inicia en un nuevo camino y está dispuesto a hacer algo que nunca ha intentado antes —como viajar alrededor de su país, o correr una maratón—. Son nuevos a estas experiencias y por lo tanto no han desarrollado las aptitudes de alguien que lo ha hecho muchas veces. También pueden ser asociados con la edad, puesto que si usted es joven, debe ser principiante.

Para los propósitos de esta obra, un principiante es aquella persona que tiene poca o ninguna experiencia con el concepto de abundancia. Sin importar si usted tiene veintidós u ochenta y dos años de edad, usted es un principiante cuando se trata de entender y crear abundancia, y como en la mayoría de las cosas de la vida, es mejor comenzar desde el principio. Los comienzos son importantes porque crean las bases sólidas para lo que viene después, y le permiten prepararse y adquirir el conocimiento necesario para lograr grandes cosas.

El primer paso a la plenitud, es permitirse a sí mismo ser un principiante. En todas las áreas de la vida, usted se inicia como un aprendiz —cuando estaba aprendiendo el alfabeto o las reglas de matemáticas, cuando aprendió a montar en bicicleta, cuando tuvo su primer trabajo—. Es correcto ser un principiante, y no significa no tener inteligencia: usted está simplemente aprendiendo.

El mundo está lleno de situaciones que todavía no ha experimentado; intente una nueva. Es allí donde descubrirá sus gustos y disgustos, sus habilidades y deficiencias. La vida es el maestro y usted es un nuevo estudiante sentado en un gran salón. Es el momento de aprender algo nuevo; acepte los comienzos. Después de todo, siempre habrá algo nuevo para explorar, descubrir y experimentar en la vida.

Cuando quiere experimentar la abundancia, el mejor lugar para empezar es desde el comienzo. Todo principiante inicia algo con una nueva perspectiva, con alegría y entusiasmo de lo que va a suceder. Posee un abierto deseo de aprender y aplicar el nuevo conocimiento de una forma creativa. El entusiasmo y ánimo son ingredientes básicos para una vida en plenitud.

Ahora piense en aquellas experiencias cuando era un principiante. ¿Alguna vez aprendió a bailar o a tocar guitarra?, ¿a actuar o a pintar? Ya ha tenido muchas experiencias de este tipo, entonces, ¿recuerda si se sintió mal o avergonzado? ¿Sentía ansiedad por conocer las respuestas o evitó hacer preguntas? ¿Cómo hizo para controlar esa sensación de no saber algo? Examine los sentimientos positivos de ser un principiante.

Los principiantes son a menudo tratados de manera diferente por aquellos con experiencia. Por ejemplo, cuando estaba aprendiendo a manejar un auto, los demás tenían más precaución o más consideración con sus habilidades en el volante. El estudiante de conducción es tratado en forma especial, y puede tener más privilegios que aquellos que "ya deberían saber manejar". Es como si le dieran permiso para aprender cometiendo errores —una sensación de tolerancia que de otra forma no existe en nuestra cultura—.

Si es un principiante y algo malo le sucede, es percibido con entendimiento y compasión; "apenas está aprendiendo". Pero, si hasta ahora está aprendiendo y algo bueno sucede, es percibido como "suerte de principiantes". Por ejemplo, imaginémonos que su tío le enseña a jugar al póker, y gana los primeros tres juegos. ¿Cómo sucedió? La gente sólo puede explicarlo como un acto de suerte, ya que usted es nuevo en el juego. La primera vez que triunfa en algo nuevo y desconocido, es considerado como "suerte de principiante".

Aunque es una buena sensación para experimentar, es sólo temporal. La suerte no dura para siempre, y tiene su final. En este caso, quizás no tendrá suerte la próxima vez que juegue al póker. La suerte es aleatoria; es un resultado deseado que ocurre por coincidencia y no requiere de estrategia o habilidad. Hay personas que ganan la lotería, adquieren cualquier cantidad de posesiones materiales y con el tiempo pierden la mayoría de su fortuna. Su buena suerte vino y se fue, y fueron incapaces de mantener la presencia de la buena fortuna en sus vidas. Ésta es la diferencia entre suerte y abundancia —esta última sobrepasa cualquier cosa que pueda alcanzar debido a la suerte—.

Jóvenes y adultos creen en la filosofía de que la riqueza y prosperidad requieren de suerte. ¿Es la suerte el único medio de experimentar grandes cantidades? ¿Es posible no tener suerte y vivir con abundancia? ¿Por qué no? Hay personas que sí lo pueden lograr porque la abundancia no reconoce qué tanta o tan poca suerte tiene usted.

La abundancia es por lo general asociada con las personas ricas. Supuestamente, los ricos y los adinerados son los que poseen abundancia; los que tienen "más de lo que pueden hacer con su fortuna", y se asume que estos individuos pueden tener cualquier cosa que desean. Pueden vivir así porque "tienen el dinero", y son percibidos teniendo una buena vida, con hermosas casas y automóviles, y con la capacidad de tomar vacaciones en lugares exóticos y remotos —Tahití—. La abundancia es por lo general asociada con dinero y riqueza.

La abundancia parece ser algo más de lo que una persona normal puede imaginarse. *¿Cómo pueden lograrlo? ¿Cuál es su secreto?* La mayoría de las personas desean más posesiones materiales de las que actualmente poseen, y tienen curiosidad —o quizás envidia— de la vida que llevan los ricos y famosos. Se preguntan cómo sería poseer tanta abundancia.

> *¡Congratulaciones! Acaba de ganar un maravilloso y abundante estilo de vida. ¿Qué va a hacer ahora? ¿A dónde vivirá? ¿Con quién vivirá? ¿Qué clase de auto conducirá? Ahora tiene muchas opciones a su favor. Ahora tiene la habilidad de crear su vida de la forma como lo desea.*

¿Se imagina qué sucedería si al levantarse en la mañana le informan que no ha ganado el automóvil de sus sueños, pero en su lugar, acaba de ganarse la vida que siempre ha soñado? ¡Todo lo que siempre ha deseado y soñado ahora es suyo!

Ése es el sueño que motiva a las personas a triunfar. Aunque la abundancia es quizás algo nuevo para usted, sin duda estará de acuerdo con quienes comparten el deseo de experimentar abundancia y riqueza en sus vidas. Los juegos de lotería se expanden como resultado de la inversión en la promesa por el dinero y los sueños. ¿Juega a la lotería o compra boletos de juegos al azar? ¿Espera ganarla y volverse rico algún día? Si es así, usted es uno de los millones de individuos que desean abundancia, pero —la gran mayoría— no tiene el conocimiento para tenerla y disfrutarla. Si tiene más dinero del que puede contar, ¿qué le gustaría tener en su vida?

La mayoría de personas quieren más en sus vidas, pero rara vez incluyen la palabra "abundancia" en su vocabulario diario. Quizás quiere un auto más hermoso, un mejor trabajo, o tomar varias vacaciones con su familia. ¿Por qué no hacerlo si puede financiarlo? ¿Por qué no darse gusto con lo que desea? En realidad no hay una razón para no tener lo que en realidad quiere.

Sus sueños se están realizando en frente de usted, y están a punto de formar parte de este mundo. Hay mucho que descubrir y muchos sueños y deseos que cumplir.

Quizás desea compartir su vida con alguien en una relación amorosa y respetuosa. Es posible que quiera una casa más bonita, o quiere tener hijos ahora o en el futuro. Con seguridad desea una profesión con una buena remuneración y que le ofrezca un agradable estilo de vida. Quiere hacer de su vida lo mejor posible, y no quiere caer en los errores que otros han cometido. Quiere lanzarse al mundo demostrando sus habilidades y está ansioso de probar lo que es capaz de hacer. Si está creando su propio camino, ¿por qué no dejar que la abundancia sea parte de él?

¿Qué es la abundancia?

Los diccionarios definen la abundancia como "gran plenitud; exceso de cantidad; amplia suficiencia". Muchas personas la asocian con dinero, pero es mucho más que eso. Es un estilo de vida, y es lograr lo que desea, y en gran cantidad. Significa que puede tener lo que desee —un bello vehículo, una educación avanzada, o unas vacaciones de verano en cualquier lugar—.

¿Se preocupa demasiado y desperdicia su energía pensando en sus finanzas? Si tuviera lo que necesita, ¿seguiría preocupándose? La abundancia es un estado mental, y es saber que tiene todo lo que necesita. Si cree que todo va a salir bien, ¿podría dejar de preocuparse? La abundancia es saber que todas sus necesidades siempre serán cumplidas.

La abundancia es tener más de lo que quizás pueda contar. Puede incluir el tiempo, dinero, experiencias, alegría, diversión, seguridad, logros, y mucho más. También puede incluir lo siguiente:

- Paz en la mente
- Tiempo para hacer lo que desea
- Trabajar en lo que en realidad le gusta
- Dedicar tiempo a la familia y amigos
- Tener lo que necesita
- Comportarse con tranquilidad
- No tener preocupaciones
- Disfrutar lo que tiene

• Tener tiempo para sí mismo

• Sentirse agradecido

• Sentirse bien consigo mismo

• Tener una buena visión de la vida

Todos tenemos diferentes opiniones acerca de la abundancia dependiendo de los deseos y experiencias en vidas pasadas. Algunos la definen como tener suficiente dinero para pagar las deudas. Generaciones anteriores no usaban la palabra "abundancia" con frecuencia, y la mayoría poseía "apenas lo suficiente para vivir". En esos tiempos, las personas eran criadas con el concepto de limitación, y por lo tanto había un sentimiento de incomodidad con la abundancia. Se pensaba que era tener más que suficiente para vivir.

La abundancia es tener lo que desea en su vida. Es tener buenas cosas y experiencias; es libertad, alegría, satisfacción. La vida está llena de abundancia —más de lo podría necesitar, usar, o desear. Es experimentar lo mejor de la vida.

La abundancia es el derecho que tenemos al nacer. El sólo hecho de existir en éste planeta es una invitación a vivir en abundancia. Es un derecho básico. Todo en la vida existe en abundancia. Mire a su alrededor; note los árboles, el firmamento, la hierba, las montañas, los lagos, los océanos, la lluvia.

Todo en la vida existe en abundancia, pero la mayoría de individuos ignora esa verdad. Piensan que es limitada y que existe para otras personas, menos para ellos, aún cuando ya están rodeados de plenitud. Todas las señales están ahí, y como las hojas y ramas en los árboles, o las estrellas en el firmamento, son difíciles de contar. La naturaleza es un recordatorio de su derecho a la abundancia; sólo mire a su alrededor.

La abundancia es posible, pero es muy posible que no la experimente de la forma como lo podría pensar. Aún cuando algunas personas ganan una fortuna en la lotería, la mayoría la juegan sin ganar. Si lee la parte posterior de un boleto de lotería, se sorprenderá de las minúsculas posibilidades de ganar.

Sus padres tenían la razón; debe trabajar para lograr su éxito y abundancia y no puede pararse a esperar a que suceda. No puede esperar por alguien para vivir en prosperidad. La verdadera prosperidad proviene de su propio dinero, y no del que fue ganado por alguien más.

Es muy difícil que alguien simplemente le entregue las llaves del éxito —depende de usted crear su vivienda, su auto o forma de vida ideal—. Así como un artesano utiliza su propia arcilla para crear una obra maestra, usted puede utilizar estrategias simples para crear la vida que desea, y puede empezar hoy mismo. La abundancia es algo que atrae, no algo con que se nace, por lo tanto, es posible para todos aquellos que la deseen. Es mucho más que la suerte de principiantes. Usted está a cargo de su propia fortuna, puede aprender cómo atraerla y convertirse en un imán para lograrlo. ¿Qué está esperando? Ahora es el momento indicado, inicie su vida en el camino de la abundancia; es tan fácil como contar 1, 2, 3 . . .

1. Comience con una base sólida.
   Tengo el derecho a la abundancia.

2. Reconozca que la abundancia ya existe.
   Estoy rodeado de abundancia.

3. Reconozca que la abundancia es posible.
   Vivo en abundancia.

¿Qué significa ser un principiante a la abundancia? Significa que aunque usted sabe lo que *puede ser*, todavía no la ha manifestado. Usted es un principiante en busca de la información necesaria para experimentarla en su vida. Ya sabe que la abundancia no tiene nada que ver con la suerte, pero todavía puede tener suerte, y no necesita depender de ella para llevar la vida de sus sueños. Abundancia es la forma de vida que *usted* crea.

Los capítulos a continuación le darán el conocimiento necesario para crear abundancia. La alfombra roja se abre a sus pies, párese en ella y camine hacia la abundancia. No hay necesidad de acelerar el proceso y arriesgarse a caer. Camine con seguridad mientras vive y aprende. Finalmente, no necesita desearse buena suerte, ¡sólo disfrute la experiencia!

CAPÍTULO DOS

LA ESPIRITUALIDAD EN LA ABUNDANCIA

Todo lo que he visto me enseña a confiar en el Creador
por todo lo que no he visto.

—RALPH WALDO EMERSON

Así como el ratón en un laberinto no sabe dónde se encuentra, o cómo va a llegar a su destino, usted, sin duda, se preocupa por saber cómo será su vida de abundancia. El ratón por su parte, tiene su visión limitada, sólo puede ver lo que está al frente, su atención se dirige a cómo sobrepasar el siguiente obstáculo, y no puede comprender lo que hay más allá de ese punto. ¿Ha escuchado esto antes? ¿Se preocupa por lo que está inmediatamente ante sus ojos, e ignora el contexto en general?

A medida en que se encamina hacia una vida en abundancia, es fácil quedarse estancado en una situación inicial. ¿Cuál es su principal obstáculo? ¿Está preocupado por sus finanzas o por su relación personal? ¿Está pasando por un mal momento en su trabajo? No es suficiente creer que su vida inevitablemente se desarrollará; usted quiere saber los detalles. ¿Qué sucederá? *¿Cómo* sucederá? ¿Se casará y tendrá hijos? ¿Seguirá viviendo en el lugar donde creció, o se mudará a otra ciudad? ¿Tendrá una profesión exitosa? Hay muchas preguntas, pero muy pocas respuestas.

Quizás ésta es la razón por la cual la gente visita psíquicos o personas que leen las cartas; ellos quieren saber qué va a pasar con sus vidas, y en especial, que todo va a salir bien y que *vivirán felices para siempre.*

Al igual que el laberinto confunde al ratón, la vida consiste de retos, obstáculos y limitaciones, y como el ratón, sin duda se ha sentido confundido y estancado. ¿Qué camino podría o *debería* tomar? A veces se siente frustrado y cansado y se pregunta, ¿no hay un camino más fácil de tomar? Debe golpearse contra muchas paredes antes de llegar a su destino, y por lo tanto, la respuesta es no.

Por supuesto que la mayoría de personas se golpean contra las paredes, aguantan muchos golpes y contusiones y casi siempre toman el camino largo y difícil de la vida. La buena noticia es que, aún cuando ésta es la forma más común de vivir, no es la única.

¿Qué hará más fácil el viaje por su vida?

Imagínese si el ratón pudiera escalar las paredes en el laberinto. ¿Cómo simplificaría su viaje con esta nueva perspectiva? Ahora tendría la visión completa y su sentimiento de confusión se transformaría en esperanza. Podría ver la posibilidad de triunfar y estaría en capacidad de desarrollar un plan para moverse con facilidad y rapidez a lo largo del laberinto. Por lo tanto, puede dedicar más tiempo a planear que a preocuparse.

Ahora, imagínese que el laberinto es su vida y que usted es el ratón. Las paredes representan situaciones donde se siente estancado y no puede continuar avanzando. También son los obstáculos que no sabe cómo sobreponer —quizás no pudo terminar una clase en la universidad, su automóvil está averiado, o su jefe está disgustado con usted—. Su respuesta es de miedo e incertidumbre; ¿qué puede hacer? Aunque las paredes le dan cierta dirección, sólo hay dos salidas que tomar; puede ir hacia adelante o hacia atrás, y el miedo le impide tomar una decisión para ir en cualquier dirección. En lugar de moverse, se convence a sí mismo de que no puede hacer nada, o no sabe cómo hacerlo.

Los obstáculos no se crean para vencerlo, pero sí para otorgarle poder

Los obstáculos a menudo intimidan, y es normal retroceder con la esperanza de que de alguna forma desaparecerán de su camino. Así como los laberintos, tienen un propósito que cumplir. ¿Qué le están diciendo sus obstáculos? ¿Por qué está tan estancado? ¿Está ignorando detalles importantes? ¿Tiene miedo de seguir adelante? Muévase más allá de la idea de que tiene una pared en frente de usted; ¡muévase! Si usted es el tipo de persona que se estanca, dedique tiempo para leer *¿Quién movió mi queso?*, escrito por Spencer Johnson. Es una maravillosa historia y lo ayudará a explorar su forma de vivir. Reconozca la existencia de paredes en su vida, y descubra lo que representan.

Su actual y más importante obstáculo tiene varios significados e interpretaciones. Por ejemplo, podría representar su habilidad para utilizar lo que está en frente de usted —algo que las personas a menudo ignoran—. La gente está programada para ver más allá de lo que está ante sus ojos, y por lo tanto pierden esa información disponible. Como consecuencia, tales individuos se sienten frustrados e infelices con sus circunstancias actuales en su afán de llegar a otro lugar. La situación actual es vista como un problema que los obstaculiza en su avance hacia la siguiente experiencia. Se sienten víctimas de las circunstancias de la vida en lugar de ser energizados. Cada problema es visto como una gran barrera, en lugar de un paso más en el camino.

Los muros que sirven como obstáculos a menudo representan algo físico en la naturaleza. Las personas dedican tiempo y energía invaluable tratando de resolver asuntos físicos en sus vidas —se preocupan por el dinero, cómo pagar sus cuentas, de algo que podría o no suceder, de que deben poner gasolina en sus vehículos y comprar detergente para lavar, se irritan cuando no pueden encontrar las llaves de

sus autos, o deprimen cuando sus parejas terminan la relación—. Todos estos son los aspectos físicos de la vida:
los elementos que puede ver, tocar y sentir. Usted se limita
cuando sólo se enfoca en estos aspectos. Hay cosas más allá
de esa pared para ver y experimentar, y la vida es mucho
más de lo que usted experimenta en el nivel físico.

Expándase más allá de lo físico

El ser humano está compuesto de varias partes: lo físico
(el cuerpo), lo emocional (sentimientos), el intelecto (la
mente), y lo espiritual (el alma). Aún cuando varios de
estos elementos son visibles para usted y los demás, hay
partes que sólo usted sabe que existen. El alma es la esencia
espiritual de la persona, esa parte delicada que todos po-
seemos. El alma puede ser vital, como lo es para quienes
practican la espiritualidad, o también puede encontrarse
en estado pasivo, como en el caso de alguien que no tiene
conocimiento de su existencia.

La espiritualidad provee una perspectiva superior

¿Qué sucedería si pudiera tener la visión de un pájaro,
para ver desde las alturas la forma en que se desarrolla su
vida? Imagínese cómo se sentiría si pudiera saber desde un
principio que las cosas le van a salir bien. ¿Podría entonces
avanzar sin preocuparse, y con un sentimiento de paz?

La espiritualidad lo traslada hacia niveles superiores,
dándole una perspectiva global sobre los obstáculos y detalles de la vida. En su búsqueda por la abundancia, mire a

su alrededor; mire al frente, mire hacia atrás, y luego, mire hacia el firmamento.

Mucha gente se siente intimidada por el concepto de la espiritualidad, se sienten cohibidos a explorarla, y prefieren el aspecto físico que existe en frente de ellos, el cual pueden ver y tocar. La espiritualidad es un término vago y ambiguo, es difícil de entender, y existen varias creencias e interpretaciones. Es una amenaza para algunos, mientras que otros prefieren ignorarla. La espiritualidad y la religión son conceptos que comúnmente son intercambiados; son similares, pero a su vez diferentes.

La religión es definida como "la creencia en un poder (o poderes) divino o sobrehumano, para ser obedecido y adorado como el creador (s) y controlador (s) del universo. La expresión de esta creencia es por medio de la conducta y el ritual". La religión incluye ciertas creencias o prácticas que son compartidas por otros creyentes de la misma filosofía, incluyendo un lugar para la adoración como una iglesia, un templo o una sinagoga. La gente busca amor, aceptación y sentido de comunidad, y por lo general acuden a la religión para satisfacer esas necesidades.

Algunos individuos perciben la religión como un sistema altamente autoritario; algo que hay que evitar en lugar de acoger. Creen que la religión carece, en práctica, de la compasión y la aceptación incondicional que es descrita en muchas doctrinas, y por el contrario enfatiza la creencia de que Dios es punitivo y debe ser temido. Por tal razón, la religión y la espiritualidad se diferencian a partir de este punto.

La religión es el contexto y la estructura donde la espiritualidad es practicada. Muchas de las religiones son gobernadas por reglas creadas y reforzadas por sus seguidores. Muchos rechazan las reglas, en particular si estiman que son injustas y no éticas. También resisten la idea de seguir el mandato de alguien, o cuando se les impone un comportamiento o creencia.

La religión espera que sus seguidores obedezcan las reglas, o de lo contrario, pueden enfrentar el castigo o el rechazo. Aún cuando las reglas son creadas para proteger, también pueden ser formas de alineación. Cuando hay desacuerdo debido a las reglas, se experimenta una separación del grupo como un esfuerzo para evitar sentirse manipulado o controlado. El temor se hace presente y, consecuentemente, puede darse una separación de la religión como forma de protección. Las personas cesan de sentirse parte de la comunidad y se genera el sentimiento contrario: alejamiento. Se convierten en entidades que sufren y luchan con emociones negativas.

Si se siente alienado de su comunidad, se apartará de su conexión espiritual y quizás confunda a la gente de Dios con Dios mismo. Si percibe un alejamiento y rechazo hacia Dios, posiblemente es debido a la forma en que ha sido tratado por otras personas. El temor y la espiritualidad van de la mano, y la gente piensa que le temen a Dios, cuando en realidad temen a ser juzgados y avergonzados por otros humanos.

Quizás tenga muchas razones para evitar las religiones organizadas. La religión es un proceso externo que físicamente representa la espiritualidad individual. Aquellos que asisten a las iglesias son considerados "religiosos", por la simple razón de que practican una religión o asisten a una iglesia con regularidad.

Se cree que la gente religiosa está más cerca de Dios, y se espera que se comporten de alguna forma "divina", pero ellos siguen siendo humanos, con todas las inseguridades emocionales que los caracterizan. Alguien que acaba de salir de una iglesia, y pronuncia una palabra obscena, es considerado hipócrita, y en general los religiosos son percibidos de esta forma por "no practicar lo que predican".

Pero las acciones y reacciones de un individuo se basan más en su percepción personal y autoestima, que en su espiritualidad. En otras palabras, su reacción está ligada al miedo, y no a la conexión con la conciencia divina. Su frustración personal se expande hacia el prójimo, y en su deseo de sentirse mejor, critican y condenan a los demás.

Aún aquellos religiosos con cargos de autoridad no son inmunes a una pobre autoestima, ni a comentarios o gestos inapropiados. Ellos también son personas curando sus viejas heridas y combatiendo sus inseguridades.

La baja autoestima incita a juzgar a los demás

Juzgar no es apropiado, es simplemente la proyección de las inseguridades hacia alguien más. Individuos religiosos son con frecuencia identificados por criticar y juzgar con severidad a los demás, lo cual contradice la mayoría de sus valores religiosos. Por tal razón, la religión se ha convertido en tabú para muchos, en lugar de ser una forma positiva de honrar la espiritualidad —la cual existe para ser honrada y no temida—.

Algunos han sido abusados espiritualmente en el pasado. La sociedad apenas está comprendiendo los efectos a largo plazo del abuso físico, emocional y sexual, y todavía no ha entendido las implicaciones del abuso espiritual. Esta clase de abuso está relacionado con el desarrollo de experiencias espirituales o religiosas. Cualquier individuo que ha sido abusado en forma física, sexual o emocionalmente por parte de alguien afiliado a una corriente religiosa, ha sido víctima de abuso espiritual. Cuando esto sucede bajo el contexto espiritual, se genera confusión hacia las propias creencias, y como resultado, la espiritualidad misma se pone en duda.

Aún cuando muchos crecieron asistiendo a las iglesias sin ninguna objeción, algunos no perciben esta acción como un ritual forzado, más bien, es una parte sincera de su desarrollo espiritual. Aquellos que opinan que las prácticas religiosas fueron impuestas en forma involuntaria, y por lo tanto las rechazan, fueron espiritualmente abusados. La espiritualidad ha sido contaminada debido a que ha sido forzada, y quienes han sido afectados, la evitan. Para estos individuos, el trauma es asociado con la experiencia religiosa y espiritual, y su efecto negativo continúa afectandolos hasta el punto del rechazo.

La religión puede dejar a las personas en gran confusión, inseguras sobre qué creer o cómo practicar lo que creen.

Como consecuencia, muchos ignoran cualquier exploración espiritual, evitan asociarse con alguna religión o creencia y rechazan el desarrollo de la conciencia espiritual. Aún individuos que tuvieron la fortuna de heredar de sus familias una creencia espiritual o religiosa significativa, pueden abandonarla en algún momento en su vida. Es fácil perderse en el camino cuando uno se siente inseguro acerca de un tema que a menudo es considerado vago y controversial.

La espiritualidad es simplemente la creencia en Dios o en un poder superior

La espiritualidad se inicia bajo la premisa de que existe una fuerza o energía superior a su propio ser, y que esta gran fuente espiritual fue su creador, y continúa protegiéndolo y guiándolo. Así como existen fundadores de organizaciones y autores de libros, también hay una fuerza que lo ha creado a usted, junto con todo lo que lo rodea. Esta fuerza se presenta en muchas formas y posee diversos nombres: El Creador, El Maestro, Alá, Dios, Diosa, el Universo, Jesús, Jehová, el Gran Espíritu, etc. El nombre más comúnmente usado es Dios, pero el término "Universo" es también usado con frecuencia debido a que incorpora el entendimiento general de la espiritualidad.

El universo crea un reto debido a que no es presentado en una forma física concreta. Usted podría percibir el universo de la misma forma que vería a un amigo en el pasillo de un supermercado. El universo es mucho más grande que el mundo físico, y por lo tanto, la espiritualidad es difícil de entender, en especial por aquellos que no poseen una historia espiritual.

En la película *Oh God!* (¡Oh Dios!), John Denver jugó el papel de un hombre común y corriente escogido por Dios (interpretado por George Burns), para que revelara al mundo sus mensajes. Al comienzo, el personaje interpretado por Denver se encuentra abrumado, y le pregunta a Dios por qué lo ha escogido sabiendo que hay personas más religiosas que él. No puede entender por qué ha heredado la responsabilidad de algo que no tiene mucho conocimiento: Dios. El personaje teme que muchos piensen que ha perdido su cordura.

El juzgar afecta la espiritualidad

Vivimos en una sociedad que juzga sin misericordia. La naturaleza humana parece considerar el juzgar como una forma aceptable de nuestra personalidad. Muy pocas personas están excluidas de la tendencia a juzgar a otros, y esa actitud hace difícil sentirse confortable con la religión y la espiritualidad. La preocupación del qué dirán, crea dudas sobre la presencia divina en nuestras vidas, y así dudamos aún más sobre los conceptos religiosos y espirituales. Existen muchas orientaciones religiosas así como innumerables iglesias, sinagogas, templos y sitios que sirven como centros de adoración. Pero, ¿qué significa todo esto? Aún más, ¿qué tiene que ver la religión con la abundancia?

Existe la espiritualidad en la abundancia y merece reconocimiento. Es necesario aceptar a Dios o al Universo como la fuente de su abundancia. La abundancia es un concepto espiritual, y tiene mucho menos que ver con lo que usted posee, que con su conexión espiritual. No hemos sido destinados a pasar por la vida solos, hay guías que nos dirigen y muestran el camino, y nuestro trabajo es simplemente abrirnos a ese conocimiento y utilizar sus beneficios.

La abundancia es un regalo del universo, todo proviene de allí, y como resultado, es necesario desarrollar una conexión espiritual que le proveerá las riquezas del reino. Quizás ya tiene tal conexión, una base espiritual, o la ha heredado de su familia. Si ése es el caso, sólo necesitará un pequeño ajuste a su entendimiento para utilizar esta poderosa influencia. ¿En qué cree? Analice la historia espiritual de su familia: ¿Existen valores espirituales heredados que todavía continúan con usted? ¿Cree en Dios? ¿Invoca a Dios en tiempos difíciles?

La religión no es perfecta y quizás no mejorará pronto. Aún cuando esté interesado en una religión en especial, quizás no esté de acuerdo con algunas de sus enseñanzas. Las enseñanzas religiosas son definidas por medio de las interpretaciones humanas, y es posible que necesite experimentar diferentes filosofías religiosas antes de que decida cuál es la más apropiada para usted.

Aún así, algunos integrantes de su organización religiosa pueden ser hostiles, y usted podría juzgar o criticar a todo un grupo debido al comportamiento de unos pocos individuos. Recuerde, una iglesia debe orientarse hacia su relación personal con Dios, y poner menos énfasis a la relación entre sus integrantes. Escoja las creencias y prácticas espirituales que fortalecen su conexión espiritual. Existe una energía espiritual que nos rodea y vive en nosotros, y sólo debe conectarse a la corriente que ya se encuentra allí.

¿En qué puede creer? Algunas veces es necesario definir su espiritualidad de acuerdo a sus creencias y prácticas. Por ejemplo, quizás se siente más conectado con la naturaleza que con un ser espiritual específico. Es posible que se sienta más cerca, y exista una inexplicable conexión, con el árbol de roble en su patio. En ese caso, el árbol puede servirle como punto de entrada para desarrollar su espiritualidad.

Explore las religiones que son compatibles con esas conexiones. Los nativos americanos, por ejemplo, tradicionalmente han experimentado la espiritualidad a través de la naturaleza y los animales. Escoja la práctica espiritual y el entendimiento con el cual se sienta a gusto, y dedique tiempo a investigar y descubrir sus propios intereses que conforman sus creencias. Defina su espiritualidad para reflejar su relación con el universo. ¿Cuál es la forma más poderosa de conectarse con esta presencia espiritual?, ¿hay alguna iglesia o templo en especial? ¿Se siente a gusto evocando oraciones populares, o prefiere crear su propia forma de comunicarse con el universo? ¿Prefiere la soledad de la meditación, o la compañía de la comunidad en una iglesia? ¿Cuál es su forma más poderosa, y a su vez confortable, de comunicarse con el universo? El ejercicio que encontrará al final de este capítulo le dará la oportunidad de iniciar su exploración espiritual.

La meditación es una manera efectiva de lograr claridad mientras mejora su salud en general. ¿Cómo es esto posible? La meditación promueve la tranquilidad. Vivimos en una sociedad que no descansa, y en nuestra cultura, se acentúan las acciones rápidas, en lugar de la paciencia. La mayoría esperamos que los demás estén, y permanezcan, ocupados.

Al incorporar una práctica espiritual, como la meditación, en nuestras vidas, podemos explorar las dimensiones de la abundancia. La espiritualidad es como un lente especial que le permite ver las cosas con claridad, y al mismo tiempo, diferentes. Puede ver no sólo un árbol, pero si un bosque completo. Con una reexaminación más profunda, su entendimiento se profundiza permitiéndole observar algo más que una situación aislada. Ahora puede entender el significado oculto de la ayuda y la colaboración. Su enfoque cambia de dirección y ahora reconoce que no se encuentra solo; ha alcanzado un entendimiento espiritual a partir de la existencia de un simple árbol.

A medida que mira más allá del plano físico hacia lo espiritual, descubrirá la magia —una experiencia que nunca antes había imaginado—. La vida es abundante, si sólo puede ver y experimentar su abundancia. La visión espiritual de la vida es mucho más extensa que la visión física de la misma. No hay límites; *con Dios, todas las cosas son posibles.*

Cuando cree en Dios, todo aquello que no tiene o lo limita, se transforma en extraordinarias oportunidades. Por ejemplo, imagínese que se siente frustrado al enterarse que el trabajo que tanto deseaba, ya ha sido ocupado por otro candidato, pero al poco tiempo encuentra otro trabajo con una mayor remuneración y con más flexibilidad.

Tenga presente que cuando una puerta se cierra, es el momento de mirar hacia otra puerta que se abre. Dios es todo y está en todos lados, usted es parte de esta conexión universal, y siempre recibirá ayuda en formas inesperadas. Dios y la abundancia son una combinación, y no puede tener una sin la otra.

Todo en esta vida es sagrado y bendecido por Dios. Descubra lo sagrado en todo lo que observa, toca, huele, escucha y experimenta. A partir de este momento, la abundancia no será una visita semanal a una iglesia, pero sí una experiencia diaria. Al mirar a su alrededor, experimentará la obra de Dios en su vida, por lo tanto, adopte las siguientes creencias espirituales como una guía en su camino a la abundancia.

Existe un plan divino para su vida

La espiritualidad es la herramienta que le permite a su vida desarrollarse en forma placentera sin crear sufrimiento o dificultad. El universo tiene un plan; un plan divino para usted. Confíe en él y en que su vida se está llevando a cabo de la forma correcta. No luche contra las experiencias de su vida porque creará problemas innecesarios. Deje que las cosas lleguen y se vayan, y permita que su vida sea guiada fácilmente por el universo. Usted se encuentra en buenas manos. Sea lo suficientemente flexible para aceptar el plan, aún cuando sea diferente al suyo. Decida aceptar que todo está bien, que usted está bien, que su vida está bien. Usted está siendo guiado en forma divina.

Los accidentes no existen

El universo no comete errores, y sabe exactamente lo que está haciendo. El universo es consiente de que lo llevará hacia su máximo objetivo en la vida. Él tiene el plan general en sus manos. Su misión es crecer con fortaleza, y con más capacidad espiritual en su camino. Aún cuando podría ser necesario confrontar obstáculos en su recorrido, usted ya está siendo guiado para que logre alcanzar su objetivo.

Todo tiene una razón de ser

Confíe en el universo; si algo está destinado a suceder, sucederá. Y de igual forma, si algo no está programado para que suceda, no ocurrirá. La vida tiene un propósito. Todas las experiencias ocurren para cumplir el objetivo en su camino hacia la totalidad e iluminación espiritual.

Junte sus fuerzas con el director general de su vida y experimente lo fácil que ésta se desarrolla. El universo es la fuente de la abundancia, comience hoy mismo e invítelo a su vida y vea cómo sus sueños y deseos se materializan físicamente. Lo que pensó que nunca sucedería, se hará realidad con un poco de esfuerzo.

El espíritu es la fuerza invisible tras las experiencias de su vida. Algunas de ellas son difíciles de explicar porque han sido influenciadas por el espíritu. Acepte la existencia del espíritu; mire, escuche, sienta. El universo demuestra su presencia en el firmamento a través de las nubes y los rayos del sol. Se encuentra en el viento y en la lluvia. Le habla por medio de los truenos y los rayos. Revela su naturaleza generosa a través de los abundantes bosques y la belleza de los atardeceres. Envía sus mensajes por medio de las canciones en la radio, o en las conversaciones que tiene con otras personas. Vea y experimente su presencia en su diario vivir. Tanto usted como su vida se encuentran en buenas manos.

Espiritualidad

Mi definición personal de espiritualidad es:

_____
_____
_____
_____
_____

Cuando estaba creciendo me decían:

_____
_____
_____
_____

Es este instante de mi vida, yo creo:

_____
_____
_____
_____

El nombre que doy a mi conexión espiritual es:

_____

Me gustaría desarrollar mi espiritualidad por medio de:

_____
_____
_____
_____

CAPÍTULO TRES

ENTRANDO AL CAMINO DE LA ABUNDANCIA

Para alcanzar grandes objetivos, no sólo debemos actuar, sino también soñar; no sólo planear, sino también creer.

—ANATOLE FRANCE

Ahora que ya tiene a su lado la máxima fuente de su abundancia, es hora de establecer cómo alcanzarla. Piense por un instante cómo quiere que sea su camino a la abundancia, cierre los ojos e imagíneselo. ¿Es descubierto y rocoso? ¿Es suave y pavimentado pero un poco estrecho? ¿Es un camino empedrado? ¿Es de herradura cubierto con hierba y ramas? ¿Es de ladrillo o lajas? Éste es el momento indicado para crear su visión personal hacia la abundancia. Permita que se forme en su mente como el primer paso para acercarse a ella.

Quizás su camino es colorido y brillante como si hubiera sido construido con diamantes. Su camino representa lo que desea crear en su vida a medida que avanza hacia lo que le pertenece por naturaleza: la abundancia. Plante esa imagen en su cabeza, y de esa forma podrá recordarla todas las veces que quiera.

Su camino a la abundancia empieza cuando toma una decisión. Es como si se encontrara en una bifurcación y tiene que decidir cuál de las dos rutas opuestas debe elegir. Pero, ¿cuál camino tomar?, ¿es uno más placentero y revelador que el otro? ¿Hay uno más prometedor? La abundancia es tan simple como tomar una decisión, pero algunos se torturan aun en las decisiones más sencillas. El miedo a cometer un error o a tomar "la decisión incorrecta", complica más las cosas y demora el proceso. La gente teme que se arrepentirán de la decisión que han tomado mucho tiempo después.

Muchos evitan tomar decisiones y prefieren "aceptar lo que pueden" en lugar de arriesgarse a cometer un error. Sus vidas consisten en opiniones pre-establecidas y se conforman con las decisiones que alguien más ha tomado. Muy rara vez son los primeros en llegar, y prefieren esperar a ver si tienen cabida en el medio. ¿Por qué ciertos individuos encaran la vida de esa forma?

Los humanos enfrentan problemas al momento de tomar decisiones por una variedad de razones. El miedo, a nivel consciente o inconsciente, es un factor predominante que afecta la habilidad de escoger. Las personas indecisas temen a la opinión general, a ser juzgadas, y carecen de la autoestima que las ayudarían a ubicarse en una posición ventajosa en sus vidas.

Un bajo nivel de autoestima conduce al individuo a sentirse inferior ante otras personas, y por lo tanto, menos importante y capacitado. También se percibe a sí mismo como inadecuado y torpe. Si una persona no se autoestima, existe la posibilidad de que pierda sus propios valores y adopte los ajenos. Cada vez que usted se compara con alguien más, resulta sintiéndose inferior. Estos son sentimientos comunes —pero inconcientes— de vergüenza e inferioridad.

Si no cree en sí mismo, dependerá de las opiniones y decisiones ajenas, y tanto usted como sus sueños y aspiraciones se tornarán vulnerables.

Cuando escoge algo o toma alguna decisión, debe creer y confiar en sí mismo. Si tiene problemas en el momento de escoger, debe empezar hoy mismo a trabajar en la forma de confiar en sus decisiones. No importa si empieza tomando pequeñas decisiones, lo importante es comenzar. Evite responder con frases como "no sé", o aún peor, "no me importa". Oblíguese a tomar decisiones sin importar de qué se trata, o del impacto de sus efectos.

Evite preguntar a los demás lo que opinan. Note que cuando la gente come en compañía, se preguntan unos a otros "¿qué vas a comer?", y la respuesta a esa pregunta influencia sus decisiones. Si la otra persona dice que comerá un sándwich, es posible que usted cambie de parecer, y en lugar de pedir la ensalada que tenía en mente, resulte comiendo un sándwich también. Es de naturaleza humana querer cosas que lo acerquen o igualen a los demás, pero sin importar qué tan fuerte sea su autoestima, evite que otros influencien su decisión. Confíe en sí mismo y en sus decisiones, después de todo, ésas son las más importantes para usted.

Usted decide el camino de su vida, y hay por lo menos dos rutas a escoger para lograr su abundancia. La primera, es la que se transita con más frecuencia, existe la evidencia de quienes la han recorrido con anterioridad, y parece atractiva, porque sabe que otros la han escogido. Éste es el camino conocido a través de la vida, representa lo que usted sabe y los éxitos y experiencias que ha visto en los demás. Aún cuando es común, es un camino que representa retos, y es construido en un terreno difícil de transitar. Es escogido debido a su familiaridad, pero si mira con atención, existe otra ruta.

Este otro camino hacia la abundancia aparece en primera instancia en forma derecha y sin contratiempos, pero de todos modos usted se pregunta si es real. Después de todo, no es el camino que muchos escogerían para transitar, y su apariencia es descuidada y desierta. Éste es el camino que representa lo desconocido, lo inexplorado, lo extraño a lo largo de la vida. Puede significar el iniciar otra carrera profesional, o simplemente trabajar por un salario. Este camino requiere que usted piense y actúe diferente a los demás.

Lo desconocido es sencillamente la falta de conocimiento del futuro, por lo tanto, no es suficiente detener la ocurrencia de un suceso. La vida consiste en el desarrollo de experiencias que todavía no son conocidas por usted. Reconozca el miedo a lo desconocido y empiece a movilizarse hacia adelante.

Permita que la vida se descubra ante sus ojos, aun cuando no sabe qué sucederá

El miedo a lo desconocido puede impedir su progreso en el camino que ha escogido hacia la abundancia. La mayoría de los comienzos son desconocidos, y la vida es un misterio, uno tras otro; el mañana es un misterio, el próximo año es un misterio, su futuro es un misterio. Nadie sabe cómo, cuándo o dónde sucederán las cosas.

Evite tomar una decisión basado únicamente en la premisa de que otros han hecho lo mismo. Aprenda a tomar las suyas propias, usted sabe qué es lo mejor para usted, así que escoja el camino que ofrezca menor resistencia y eluda problemas innecesarios. Pregúntese a sí mismo: ¿Cuál es la forma más fácil de hacer esto? Al responderse, escogerá la menos complicada. Permita que esta importante pregunta sea parte de su proceso de decisión. ¿Cómo podría ser el camino a la abundancia?

Abundancia es vivir la vida en plenitud

La abundancia es atraída hacia lo fácil, no a lo difícil, pero por desgracia, la gran mayoría hemos sido guiados a pensar lo contrario —que la vida consiste en penas y dolor—. Se nos ha enseñado que para cumplir nuestros deseos, debemos trabajar largas y penosas horas. Nuestra sociedad está compuesta de individuos que trabajan todo el tiempo, y la mayoría están muy ocupados para disfrutar de la vida. Es como una carrera sin final, trabajando largas horas para acumular lo que no podrán disfrutar por falta de tiempo. Aunque es posible acumular fortuna de esta forma, la abundancia es más que la fortuna. Va mucho más allá de trabajar simplemente con la intención de acumular dinero y cosas materiales. Abundancia es disfrutar de la vida.

Como un principiante a la abundancia, debe adoptar esa misma actitud. La abundancia es un estilo de vida fácil y no un problema. Decida enfrentar las tareas de la vida con agrado, no es necesario o beneficioso crear situaciones estresantes. La vida no fue creada para ser complicada o provocar miedo. Su camino a la abundancia debe ser fácil.

¿Cuál es la forma más fácil de hacer esto?

A medida que avanza en su ruta hacia la abundancia, permítase soñar. No se limite a pensar en lo que puede tener en la vida. Ábrase a las posibilidades. Escriba su propia autorización para tener lo que usted desea:

Estimado _____ (familia/amigos/compañeros de
trabajo / el mundo):
Con la presente autorizo a _____ (el nombre)
para tener lo que él/ella ¡verdaderamente desee en la vida!

Firma

_____

No tenemos que esperar a alguien para que nos autorice a avanzar hacia nuestros deseos. Cada individuo es creador de sus propios sueños, y debe darse el permiso para moverse en la dirección adecuada para hacerlos realidad. Millones de personas dejan de soñar a la espera de que otros —mentores o padres— les permitan hacerlo. No espere a que alguien le diga que será un gran actor, cantante o abogado. Permítase avanzar hacia sus sueños bajo sus propias condiciones.

Ahora que tiene la autorización, ¿qué es lo que desea en la vida?, ¿qué quiere hacer?, ¿qué clase de experiencias está buscando? Autorícese a soñar sin limitaciones. Si se le muestra una lista de experiencias, ¿cuál escogería?

Complete la lista de deseos al final de este capítulo para coordinar su forma de pensar con sus sueños. No es una lista completa, por supuesto, y aunque algunas personas saben lo que desean, tienen dificultad para hacerlos realidad. Si usted no sabe qué desea en la vida, esta lista lo ayudará a iniciar el proceso.

Es importante tener claro sus deseos, y dirigirse hacia esos objetivos, en lugar de hacer algo que "sólo será suficiente por ahora". Establezca el curso de su dirección desde el principio, y no desperdicie tiempo o energía conformándose con algo secundario porque después tendrá que empezar de nuevo.

Sin importar sus creencias, o la opinión externa, no necesita saber *exactamente* lo que desea. La vida está lejos de ser absoluta, en especial cuando está iniciando su camino a la abundancia. Esté dispuesto a experimentar, a desarrollar sus ideas, a intentar nuevas cosas, y siempre diríjase en la dirección de sus intereses. Al hacerlo, se estará moviendo en su camino, en lugar de esperar a tomar una decisión.

Todo el mundo tiene deseos, pero muy pocos tienen el valor de hacerlos realidad. Dedique tiempo a formularlos, permítase soñar, imagínese cómo sería tener lo que quiere. La vida es como un lienzo donde usted pinta lo que quiera. Esté abierto a todas las posibilidades; es correcto tener todo lo que desea. En capítulos posteriores, descubrirá las herramientas para manifestar sus deseos.

Su camino se está abriendo en frente de sus ojos

¿Qué le gustaría tener en su camino a la abundancia? ¿Cómo se imagina una vida de abundancia? ¿Estaría llena de dinero y riquezas materiales? ¿Estaría llena de experiencias y oportunidades? Cierre sus ojos por un momento e imagínesela cómo es y cómo se siente. Si usted es una persona visual, con seguridad verá las imágenes; si no lo es, puede utilizar otros sentidos como el tacto o el olfato para imaginarla. No existe una forma correcta o errónea de hacer este ejercicio, simplemente permítase imaginar, ver y sentir, y experimentar cualquier cosa que aparezca. Tome notas de los resultados.

Su camino a la abundancia debe incluir sus verdaderos deseos

Evite llenar su vida con personas, lugares y cosas que no representan sus deseos; puede suceder con facilidad, y le ha sucedido a muchos individuos. La vida, aun cuando no es orientada, sigue su curso. A medida que se presentan las oportunidades, diríjase a la lista de deseos al final de este capítulo, y de esta forma, no se conformará con menos de lo que en realidad desea.

Cuando esté en busca de una relación amorosa, revise las características que ha marcado en la sección esposo/compañero de la lista. Las personas con baja autoestima se conforman con lo primero que aparece, en lugar de esperar por lo que en realidad desean. Con frecuencia temen vivir por sí solas, sin una relación amorosa, y aceptan cualquier persona que toca a sus puertas. Ellos aceptan ser escogidos, en lugar de ser quienes escogen.

El éxito en la vida depende de su voluntad para arriesgarse

No permita que el miedo lo empuje a escoger con quien se relaciona amorosamente, y mucho menos si es para toda la vida. Escoja a su compañero (a) basándose en el amor, no en el miedo. El miedo muestra su horrible cara en la mayoría de los aspectos de la vida. La gente teme que nunca alcanzará lo que necesita, y se convence a sí misma que aceptar cualquier cosa es mejor que nada, y como resultado, terminan con mucho menos de lo que se merecen .

Tales personas quizás aceptan un trabajo con el propósito único de recibir un salario, y ésa es solamente la razón para hacerlo. No son capaces de arriesgarse a perder su pago, y se estancan en un trabajo o en una situación laboral por muchos años. A medida que el tiempo avanza, encuentran aún más difícil dejar esos trabajos sin importar la infelicidad y el vacío que sienten. Al acumular años de servicio, sus salarios y beneficios aumentan, pero la sensación de estancamiento continúa, así como su incapacidad de renunciar. Como consecuencia, empiezan a contemplar la idea de la jubilación: "Cuando me jubile, haré . . ." Ahora, deben esperar mucho más tiempo para por fin vivir una vida de abundancia y felicidad.

Como un principiante en el camino a la abundancia, tenga presente esta trampa, y no se convierta en otra víctima de las normas sociales. Si tiene que cambiar de trabajo con frecuencia en su camino a la abundancia, pues que así sea. Es mucho mejor que sacrificar su vida por un salario. Arriésguese, el éxito en la vida depende de su voluntad para arriesgarse. Arriésguese a escoger el trabajo que le gusta, y no permita que la crítica ajena contamine su vida. La gente no duda un segundo en juzgar, y si decide cambiar su trabajo más de una vez, con seguridad lo criticarán. No deje que las inseguridades de otros individuos lo desvíen de su camino a la abundancia.

Recuerde, es su vida, y debe decidir qué es lo mejor para usted. Dedique el tiempo necesario para encontrar su trabajo ideal; aquel que lo apasiona. Con frecuencia es la clase de trabajo con que usted se identifica en forma natural. Una vez más, la abundancia es fácil, y no un inconveniente. Su trabajo ideal será excitante y placentero, y el dinero obtenido será un beneficio adicional porque se sentirá feliz al realizarlo. Para asesorarse al respecto, utilice la "meditación para el trabajo ideal" que aparece en el apéndice B de esta obra.

Para muchas personas, el hogar es por lo general el lugar de abundancia. Es posible que tenga una idea más clara sobre cuál sería su vivienda ideal, comparado con su profesión o relación personal. Es aceptable soñar en tener una casa, comprarla o edificarla, y es placentero hablar sobre la casa de sus sueños. Algunos tienen una vaga idea, mientras que otros pueden describirla con exactitud. ¿Tiene una visión de su casa ideal? ¿Les comenta a sus amigos que le gustaría vivir en una casa con estilo rústico, o de algún otro diseño específico?

Manifestando su casa ideal

Así tenga la habilidad para describir sus deseos, no es suficiente para manifestarlos. Más adelante abarcaremos este tema. Por ahora, imaginarse su casa ideal es otra área en la que necesita darse el permiso para soñar. Usted se merece tener lo que desee, incluyendo un bello lugar para vivir.

Cuando busque el sitio al que llamará hogar, sea selectivo. No lo escoja basado sólo en el dinero que puede pagar, lo cual es algo que mucha gente hace. No se deje llevar sólo por el criterio financiero porque después se arrepentirá: "Era lo único que podía pagar en ese momento". Las decisiones de este tipo le costarán más después. Quizás resulte viviendo es esa casa por muchos años. Numerosas personas compran su primera vivienda con la idea de que será temporal, pero resultan viviendo allí indefinidamente.

La vida cambia continuamente y quizás en el futuro no será fácil hacer los cambios que hoy tiene en mente. Si está pensando en comprar su primera vivienda, establezca un tiempo razonable para conseguir la que en realidad se ajusta a sus sueños, o para hacer los cambios y convertirla en algo cercano a su ideal. Usted se merece vivir el la casa que en realidad desea, y no en la que puede pagar al momento de la compra. Podría estar soñando en diseñar, planear y construir una casa, o prefiere la simplicidad de tener esas opciones listas para usted. Escoja la mejor, la casa elegida, ya sea temporal o permanente, revelará algo de su verdadero ser. Escoja la casa que quiere y desea.

Si acepta menos de lo que en realidad quiere, siempre estará en busca de algo más. La abundancia significa sentirse satisfecho y feliz. Nunca acepte menos de lo que espera, o algo que no lo satisfaga por completo.

Usted se merece tener lo que desea

Revise los conceptos espirituales descritos en el capítulo pasado, allí encontrará un plan divino para su vida. Recuerde, nada es una coincidencia y todas las cosas suceden por una razón. Estos son los principios de la abundancia que lo guiarán en su camino.

Ya no existe la necesidad de conformarse. Continúe moviéndose hacia adelante; lo que más desea —una relación sentimental, una profesión, o una casa perfecta— está en camino. Tenga paciencia y permanezca en la dirección de sus deseos. Cuando se conforma con algo diferente a lo que en realidad tiene en su mente, se desviará de su ruta a la abundancia y abandonará sus sueños y deseos. Se conforma con lo que piensa que puede tener, en lugar de avanzar hacia lo que es posible. En otras palabras, toma una desviación, y quizás encuentre o no problemas, pero le costará un tiempo "muy valioso" en la vida. El cumplimiento de sus sueños se atrasará en forma indefinida durante esta desviación, y en el peor de los casos, se apartará de su camino y decidirá nunca más regresar a él. Habrá decidido conformarse con una vida que es, por así decirlo, "algo mediocre".

La mayoría de las personas viven una vida en estas condiciones; una vida a medias. Se conforman mientras añoran y tienen la esperanza de que algún día tendrán lo que en realidad desean. Usted se merece una vida que es mucho más que "apenas lo suficiente". Usted se merece abundancia. La vida en abundancia significa tener lo que quiere, y en grandes cantidades. No se desvíe de su camino ni se conforme con menos de lo que desea, la ruta a la abundancia requiere de valor y disciplina. Tenga el valor de moverse en esa dirección, la disciplina lo mantendrá en su curso. Recuérdese con frecuencia lo que sinceramente desea tener y experimentar en la vida que ha escogido. Mantenga sus sueños al frente de sus ojos todo el tiempo, y no se conforme con menos de lo que espera.

¡Confórmese sólo con la abundancia!

Lista de deseos

Deseos familiares:

Por favor evalúe sus deseos de la siguiente manera:

    (1) Necesario

    (2) Bueno tenerlo, pero no necesario

    (3) No importante

Cónyugue / compañero:

___ Buen sentido del humor   ___ Físicamente atractivo

___ Buenos sentimientos   ___ Considerado

___ Romántico   ___ Afectivo

___ Trabajador dedicado   ___ Capacidad de comunicación

___ Trabajador independiente   ___ Divertido

___ Amistoso   ___ Responsable en sus finanzas

___ Orientado hacia la familia   ___ Seguridad económica

___ Energético   ___ Disponible emocionalmente

___ Con metas establecidas   ___ Gentil

___ Confiable   ___ Flexible

___ Pasatiempos e intereses:_____

___ Otros:_____

Hijos:

—— Ninguno   —— Propios

—— Uno   —— Adoptados

—— Dos   —— Huérfano

—— Tres	—— Educación pública
—— Cuatro	—— Educación privada
—— Cinco o más	—— Femenino (s)
	—— Masculino (s)

La casa deseada:

Por favor evalúe sus deseos de la siguiente manera:

    (1) Necesario

    (2) Bueno tenerlo, pero no necesario

    (3) No importante

___ En el campo	___ Tamaño del terreno
___ En la ciudad	___ Ubicación (cerca al trabajo, tiendas, etc.)
___ Con niveles	___ Pequeña
___ Un rancho	___ Moderada
___ En la playa	___ Grande
___ De dos pisos	___ 1 habitación
___ De tres pisos	___ 2 habitaciones
___ Pre fabricada	___ 3 habitaciones
___ De madera	___ 4 o más habitaciones
___ De ladrillo	___ 1 baño
___ Estilo cabaña	___ 2 baños
___ Con piscina	___ 3 baños
___ Con sótano	___ Garaje
___ Terminada	___ Un lago pequeño
___ Pasillo de entrada	___ Chimenea

___ Sala familiar	___ Patio cercado
___ Balcón trasero	___ Terraza
___ Con jardín de flores	___ Huerta
___ Cancha de baloncesto	___ Cancha de tenis
___ Patio techado	___ Cerca de los vecinos
___ Bar	___ Sauna
___ Granero	___ En la ciudad donde creció
___ Otro_____	

El trabajo deseado:

___ Al aire libre	___ Intelectual
___ Con computadoras	___ Oficina
___ Creativo	___ Con maquinaria
___ En un espacio comunal	___ Físico
___ Ayudando a la gente	___ En espacio privado
___ Emocional	___ Supervisando gente
___ Trabajo en casa	___ Horas normales
___ Administrativo	___ Corporación grande
___ Salario ($___)	___ Pequeña compañía
___ Empleado	___ Con personas
___ Horario flexible	___ Horario variable
___ Independiente	___ Horas fuera de lo normal

Máxima distancia	___ 20 min. o menos
___ 30–55 min.	___ 60 min. o más

CAPÍTULO CUATRO

APÁRTESE DE LO TRADICIONAL

La aventura más grande que puede experimentar es vivir la vida de sus sueños.

—Oprah Winfrey

A medida que avanza en su camino a la abundancia, de vez en cuando encontrará obstáculos, y es necesario identificarlos y explorarlos para evitar frustraciones posteriores. Los obstáculos son parte importante de su viaje, y no son creados para desviarlo de su ruta, como muchos podrían pensarlo. Al reconsiderar nuestro objetivo, los obstáculos nos recuerdan que debemos detenernos por un momento, y nos proveen la habilidad de avanzar en forma consciente y bien pensada.

Debido a su afán, es fácil apresurarse en el momento de manifestar sus sueños, y por tal razón, los obstáculos lo detienen cuando es necesario. Estos lo ayudan a evaluar la situación en que se encuentra —y hacia dónde se dirige— en su vida. Los obstáculos son creados con la intención de aumentar su atención, y no para hacer que se olvide de sus sueños.

El camino a la abundancia no es un proceso interrumpido. La abundancia existe en todo momento de su vida, y no es lograda solamente cuando llega a su destino final. Cada paso en su vida es una oportunidad para manifestar una vida en abundancia. Hay momentos en que duda qué camino seguir, pero siempre tenga presente no rendirse; escoja no vencerse. Reconozca los obstáculos, pero siempre muévase hacia adelante.

Deténgase un instante . . . pero continúe avanzando

El obstáculo más común que encontrará será su pasado. Muchos piensan que no son afectados por el pasado, e intentan apartarse lo máximo posible de sus experiencias anteriores, quizás avergonzados por lo que has hecho. Posiblemente no desea pensar en lo sucedido o evita que le sea recordado. También puede temer recordar emociones y experiencias negativas o dolorosas. Prefiere creer que el pasado y el presente son dos entidades completamente separadas y que una no tiene que ver nada con la otra. Si éste es el caso, usted sólo quiere confrontar su situación actual e ignorar lo pasado. En otras palabras, prefiere empezar una nueva vida por completo.

Su pasado afecta su presente

Los patrones originados en el pasado emergen y se repiten —ya sea de experiencias anteriores, de antiguas relaciones personales, o de hábitos y costumbres familiares—. No es suficiente decirse a sí mismo que no va a actuar como su madre. Los patrones existen a un nivel subconsciente, y aunque afirme lo contrario, los repetirá, porque sólo decirlo no es suficiente. Los patrones se repiten y deben ser rotos tanto a nivel consciente como subconsciente. Por lo tanto, a veces se siente frustrado o confundido debido a que una situación no mejora, aun después de que ha tratado de arreglarla. En estos momentos es necesario indagar a profundidad qué es lo que está sucediendo en realidad.

La forma en que confronta —o no confronta— a su jefe en su trabajo hoy día, tiene origen en algún lugar de su pasado. Por ejemplo, imagínese que tiene un jefe emocionalmente inestable, y que usted se siente afectado por sus cambios de carácter en forma frecuente. Usted trata de ignorarlo, pero no siempre funciona. Él quiere verlo en su oficina, y usted de inmediato anticipa que él estará de mal genio, y aún así, puede tomarlo por sorpresa. Quiere terminar su trabajo lo más pronto posible para evitar que él se enoje con usted, pero de todas formas se enoja. Usted se siente humillado y sin importancia, mientras su jefe proyecta la imagen opuesta. Note cómo sus emociones lo afectan, y cómo su rabia controla su comportamiento. ¿Cómo puede suceder?

La manera en que hoy reacciona está relacionada de alguna forma con su pasado

Sin duda alguna, es afectado por las emociones negativas de otros, y estas emociones tienen sus raíces en el pasado. Cuando es influenciado por las acciones ajenas, pregúntese, ¿A quién me recuerda esa persona? Se sorprenderá al descubrir que alguien de su pasado ha influenciado las causas ocultas a su reacción. La cuestión es si usted puede o no, en forma independiente, tener acceso a esa información emocional, y localizarla en su subconsciente.

Una experiencia emocional causa una reacción similar a la que tuvo con alguien o algo en el pasado. En otras palabras, la imagen de la persona que ha provocado la reacción ha cambiado, pero la respuesta permanece igual. ¿Continua respondiendo de la misma forma como lo hizo cuando su jefe, padre o hermano expresaron rabia? ¿Tiene que ver con la actitud de su jefe, o es su propio pasado?

La mayoría de sus reacciones actuales están de alguna forma relacionadas con su pasado. ¿De quién aprendió a hacer cosas de cierta forma? ¿De quién aprendió a ser sarcástico o criticón? Los individuos son criaturas con hábitos, y por lo tanto, los patrones crean obstáculos que luego son usados como puntos de referencia inconscientes. Considere el siguiente ejemplo:

> *Jay tenía un mal temperamento. Él se enojaba con facilidad hasta el punto que tiraba objetos al otro lado de la habitación o golpeaba la pared. Su comportamiento impredecible asustaba a su esposa e hijos. Él se*

sentía incapaz de controlar su ira, y no sabía la razón. Al final, reconoció su patrón: él se disgustaba con su esposa cada vez que regresaba del trabajo y no la encontraba en casa.

Los patrones pueden existir en capas. Hay cuatro patrones comunes que se desarrollan de su pasado. Los *patrones de comportamiento* ocurren cuando usted se comporta o actúa de la misma forma como alguien más lo hizo en su pasado. Estos patrones también incluyen las formas en que continúa actuando en el presente a pesar de sus esfuerzos para no hacerlo. Los *patrones emocionales* ocurren cuando siente de la misma forma como sintió en el pasado. Los *patrones cognitivos* existen cuando usted continúa pensando o piensa como alguien de su pasado. Los *patrones sociales* se presentan cuando trata a otros de la misma forma como lo hizo en el pasado.

La reacción de Jay, como se describió anteriormente, es un ejemplo de un patrón originado en el pasado, pero que continúa en el presente. Cuando él estaba creciendo, su madre rara vez se encontraba en casa, y cada día él regresaba de la escuela y encontraba la casa vacía. Nunca sabía cuándo alguien más regresaría a casa, y se sentía asustado y abandonado por su familia, en este caso, por su madre. Sus patrones emocionales circundan alrededor de sus sentimientos de abandono y miedo todavía no resueltos, y continúa guardándolos a nivel subconsciente. Con seguridad, él no es consciente de esta poderosa conexión entre su pasado y presente. Él aprendió que las mujeres —empezando por su madre— quizás no estén allí cuando regrese a casa, o cuando más las necesite. Por lo tanto, continúa actuando de esta forma y a reaccionar en forma severa hacia el simple hecho de que su esposa no está en casa. Éste es un patrón cognitivo.

El siguiente nivel es el patrón de comportamiento exteriorizado por su reacción física a la ira. Siendo pequeño, Jay observaba cómo su padrastro reaccionaba a la ira, por medio de gritos, groserías, y lanzando cosas, y en forma equivocada aprendió a expresarla de igual manera. Su esposa e hijos son afectados en forma negativa —y de alguna forma permanente— por su comportamiento. Ellos sienten como si siempre fueran culpables de algo, y sin saber cuándo su padre se enojará de nuevo. Éste es un patrón social que con seguridad refleja la forma como Jay y su familia reaccionaron hacia el comportamiento de su padrastro.

Jay representa un sistema de reacción común e inapropiado que demuestra la forma en que la gente responde a una acción del presente basada en una experiencia del pasado. Los seres humanos por lo general reaccionan con severidad a circunstancias actuales, aun cuando la influencia a sus acciones proviene del pasado. Cuando usted tiene el valor de examinar su pasado, sus respuestas son menos volátiles o reaccionarias. La pólvora es menos peligrosa cuando es guardada en lugares seguros, en lugar de dejarla al aire libre. De igual manera, su pasado es menos dañino cuando es abierto y explorado, en lugar de mantenerlo guardado u olvidado. El pasado no debe utilizarse como un arma, pero sí como una herramienta de aprendizaje. Deje que alumbre un poco su vida y sus circunstancias actuales. Elija ver y entender todo en su conjunto, y no sólo una parte. Usted no se encuentra aislado de otras personas, ni tampoco de sus experiencias pasadas.

¿Qué ha aprendido sobre la abundancia en su pasado?

Los patrones de su pasado influencian su tránsito por el camino de la abundancia. Aquellos que son comunes, pueden imponerse y afectar el alcance de sus metas, y puede convertirse en víctima de las creencias de sus padres o abuelos en el momento de decidir sobre su futuro. Si su familia tiene una opinión negativa sobre alguna profesión que quizás a usted le interesa, es posible que abandone sus sueños al respecto. Muchos artistas que han sido aconsejados a abandonar sus intereses por el temor a perder, se olvidan de su pasión por el arte.

La mayoría de las personas no desean perder, y como resultado, basan las decisiones que podrían cambiar sus vidas en las opiniones externas. Vivimos en una sociedad ligada al miedo, y las opiniones de la gente por lo general reflejan sus temores. Todo el mundo le teme a algo o a alguien, pero aun así, nos resistimos a aceptar nuestros propios miedos. Trasladamos nuestros temores de una forma aceptada por la sociedad, mejor dicho, por medio de opiniones.

El miedo es la emoción predominante superior a otros sentimientos como la ira o el dolor. No es socialmente aceptado decir "tengo miedo" porque es juzgado como una debilidad. La mayoría de personas admiten con más facilidad los sentimientos de ira o dolor que el miedo, y aconsejan a los demás qué, o qué no hacer, según sus propios miedos:

"No deberías ser un doctor, ellos trabajan todo el tiempo". En otras palabras, "creo que si te conviertes en un doctor, estarás lleno de trabajo y serás infeliz".

Como miembros de una sociedad basada en el miedo, la gente juzga a los demás para desahogar sus propios temores. Existe el rechazo a ser juzgado, y a menudo sienten que se juzgan en forma injusta a sí mismos. Juzgar es simplemente proyectar el miedo en alguien más. Quizás teme a lo que otros piensan de usted, y se comporta de cierta manera para evitar ser juzgado en forma injusta. Como resultado, puede escoger la profesión o el camino que otros han aprobado. Hay una sutil diferencia entre la opinión y el juzgar, y en realidad, la mayoría de las veces, ambos conceptos son difíciles de separar.

Usted se torna vulnerable a las opiniones ajenas cuando no está seguro o duda de sus propias habilidades. La falta de confianza en sí mismo puede llevarlo a creer que está equivocado y que los demás tienen la razón, y por desgracia no importa *quiénes son*. *Ellos* puede ser sus padres, abuelos, hermanos, vecinos o amigos cercanos. Al final, se siente inferior al conocimiento y las habilidades ajenas, y termina haciendo lo que otros esperan que haga, en lugar de hacer lo que le dicta *su* voluntad.

Imagínese que sus queridos abuelos le dicen: "necesitamos un abogado en la familia, y creemos que serás un buen abogado". Usted no quiere disgustar a sus abuelos y se convence a sí mismo que ellos saben lo que están diciendo debido a la sabiduría y la experiencia que les proporciona la avanzada edad. Por tal razón, esa opinión pesa mucho más que la suya propia.

El conflicto generado entre sus necesidades y las necesidades ajenas, se convierte a veces en un campo de batalla en su ruta a convertir sus sueños realidad. Empieza a basar sus decisiones en lo que *debería* hacer en lugar de lo que *podría* hacer.

Imagínese que toma las riendas del negocio de su familia porque sus padres piensan que es lo mejor para usted. Eso podría ser cierto, pero ¿es lo que en realidad quiere hacer?, ¿o tiene miedo de cómo reaccionarán sus padres si no asume esa responsabilidad?

Identifique la diferencia entre lo que usted quiere y lo que quieren los demás para usted. Algunas veces es lo mismo, pero a menudo no lo es. Distinga sus necesidades de las necesidades y expectativas ajenas, escuchándose cuidadosamente lo que está pensando y diciendo. Si la palabra *debería* aparece en sus pensamientos, posiblemente está cumpliendo con las expectativas de alguien más.

Debería, se relaciona con una obligación, e implica que otros esperan que usted haga algo, y por lo tanto debería hacerlo. *Debería tener un título en biología*, o *debería quedarme en este trabajo por los beneficios*. Reemplace todos los *debería* con las palabras *me gustaría* . . . Al hacerlo, se apropia de su intención: *Me gustaría tener un título en biología*, o *me gustaría quedarme en este trabajo por los beneficios*. De esta forma parece diferente —porque es diferente—. Sea honesto con usted mismo y con sus deseos. Las opiniones de otros son simplemente eso; opiniones ajenas.

Sus sueños son para cumplirlos
o para rechazarlos; ésa es su decisión

Cuando está explorando un nuevo territorio, las cosas pueden parecer atemorizantes, y por lo tanto busca el apoyo y la seguridad en la familia o en amigos cercanos. Como resultado estas personas influencian sus deseos con frecuencia y usted busca su aprobación, a medida que se encamina hacia la creación de su propia vida. En la mayoría de los casos, su familia quiere lo mejor para usted, apoyan sus sueños y deseos, y actúan como su consejero personal. Ellos celebran sus éxitos y logros desde la distancia, y lo animan a superar sus obstáculos. Pero también existen aquellos que lo desaniman y le aconsejan ir en la dirección de ellos, o quieren que usted logre lo que ellos no pudieron alcanzar.

Cada generación espera desempeñarse mejor que la anterior. Algunos padres deseaban una profesión o un estilo de vida específico, pero no pudieron lograr sus sueños y proyectan sus deseos en sus hijos. De esa forma los presionan para que aprendan sobre computadores o ingresen a los Cuerpos de Paz. Asegúrese de que quiere cumplir *sus* propios objetivos y no los sueños frustrados de su familia. Sus padres quieren que usted tenga éxito, y que logre lo que ellos no pudieron conseguir, pero hay una diferencia entre motivación y expectativa. Su familia necesita motivarlo sin esperar que usted obtenga lo que ellos hubieran deseado alcanzar.

La motivación acerca a las familias, las expectativas las aparta

Pedir un consejo es beneficioso, en la medida en que usted mantenga claros sus verdaderos deseos. No pida un consejo si duda de sí mismo; si lo hace, estará más expuesto a ignorar sus sueños y deseos. Escuche la opinión ajena con buen juicio, pero considere sus necesidades y prioridades ante todo. Si el consejo recibido concuerda con sus deseos, está siendo apoyado. De lo contrario, precisa determinar lo que requiere en oposición a lo que la otra persona *piensa* que usted necesita. Quizás su hermana cree que usted será un buen ingeniero eléctrico. Muy bien, pero, ¿qué piensa usted? ¿Ha estado siempre interesado en aparatos eléctricos? ¿Siente pasión por el asunto? ¿Disfrutaría esa clase de trabajo cuarenta, o más horas a la semana?

Escuche las opiniones ajenas, pero tome sus propias decisiones

Usted también está expuesto a adoptar creencias ajenas como si fueran las suyas, aún cuando se originaron a través de alguien más. Otros miembros de la familia pueden y nos imponen ciertas creencias, y por lo general no es un problema —al menos que no estemos de acuerdo con esas creencias—. El problema es multiplicado cuando cambian las creencias. Imagínese que usted creía en las mismas cosas que su familia todavía continúa creyendo, pero ahora ha adoptado otra forma de pensar. Las familias por lo general tienen dificultades al cambiar de creencias, y pueden percibir su cambio como una amenaza a su estilo de vida, o peor aún, se pueden sentir abandonados como resultado del cambio.

Usted probablemente tiene creencias acerca de casi todo en la vida, incluyendo la religión, la gente, la nutrición, la política, cómo ser padres, etc. Algunas creencias son transmitidas a través de las generaciones —las celebraciones y fiestas tradicionales—. Una filosofía familiar puede crear un sentimiento de seguridad y protección: *Lo hicimos de esa forma y ahora tú harás lo mismo.*

Claro que esto es más fácil decirlo que hacerlo. Muchas veces la gente olvida que las familias están compuestas de individuos con diferencias bien marcadas. Ninguno de nosotros tiene la misma forma de pensar, pero alguna gente piensa que los miembros de una familia deben creer en las mismas cosas y comportarse de igual manera.

Sus creencias heredadas son aquellas que adoptó de generaciones anteriores. Sin duda ha heredado creencias sobre su familia, tiempo, dinero, abundancia y la forma de vivir, pero ¿sabe cuáles son esas creencias? La mayoría de las creencias heredadas son subconscientes y no se encuentran en la superficie para ser examinadas. Necesitará llegar a lo profundo de su subconsciente y examinar las creencias que están afectando su presente y su futuro.

¿Qué aprendió de sus padres con respecto al dinero?

El ejercicio al final de este capítulo le ayudará a explorar esta importante pregunta. Aunque la gran mayoría se preocupa por no tener dinero, existen individuos que tienen miedo a *tenerlo*. El temor a no tener dinero es fácil de entender: hay temor de no tener lo suficiente para pagar las cuentas o para obtener lo que se necesita o quiere. Cuando vivimos con esa clase de miedo, también vivimos con el sentimiento de escasez o la falta de algo, nos preocupamos por el dinero y no estamos seguros de cómo pagaremos lo que debemos al final del mes.

Este tipo de miedo afecta a mucha gente sin importar su nivel de ingreso, y aun aquellos con ingresos grandes pueden experimentar la amenaza de su falta o escasez.

Si tiene miedo de *tener* dinero, puede que lo esconda o lo gaste. También podría decir que no tiene nada de dinero, pero en realidad sí lo tiene y ha decidido no gastarlo. Claramente está ignorando su dinero porque no quiere que nadie sepa que lo tiene, o quizás tiene miedo de que se lo pidan prestado o peor aún, que se lo roben.

Está avergonzado de tener dinero, y eso invita a crear un patrón de comportamiento al gastarlo. No quiere ser tratado en forma diferente debido al dinero, ni tampoco quiere ser percibido negativamente. Puede preocuparse de ser juzgado, o de lo que otros piensen. Quizás crea que los demás esperan que usted pague por todo, o que tenga que regalar su dinero en señal de generosidad.

El dinero es parte del camino a la abundancia y necesita explorar sus creencias heredadas para separarse de ellas, de lo contrario, el patrón se repetirá y experimentará el dinero como lo hicieron sus padres.

Abundancia significa tener suficiente dinero

Aun cuando su opinión sobre el dinero es una importante creencia heredada, no es la única. Quizás ha heredado creencias relacionadas con el tiempo. La gente tiene miedo de no tener tiempo suficiente, y la abundancia también se refiere a tener el tiempo deseado.

Las creencias son por lo general asociadas al sistema de valores de la persona. ¿Qué tipo de valores inculcaron sus padres en usted? De todos esos valores, ¿cuáles continúan siendo importantes y valen la pena en su vida actual?

Los valores heredados pueden, y a menudo afectan el curso de nuestras vidas. Pueden hacer que las personas vivan la vida de sus padres —la de sus seres queridos— pero no la de ellos mismos. Muchas veces es muy tarde cuando se reconoce esa realidad. La vida no debe ser una lucha continua, o una batalla de "usted contra ellos". Ha llegado el momento de separarse de esas creencias que no son realmente suyas.

Sepárese de las creencias que no le sirven, o que anteriormente eran apropiadas, pero ya no lo son. Es posible superar ciertas creencias y adoptar otras nuevas a lo largo de la vida. Aprópiese de su vida como lo hace de sus creencias, y esté dispuesto a aceptar que puede tener creencias diferentes a las de los demás.

Responsabilícese por lo que cree. No necesita rebelarse o actuar en forma defensiva: es diferente ser fuerte a ser agresivo. Mantener una firme creencia significa ser fuerte, no agresivo. Las creencias no deben ser discutidas como correctas o erróneas, porque son simplemente creídas por la persona en cuestión. Las personas inseguras discutirán acerca de sus creencias para probarse a sí mismas que tienen la "razón". Escoja evitar ese patrón de comportamiento.

Respete sus creencias, y al mismo tiempo, reconozca las ajenas

Para separarse de los patrones y expectativas ajenas, se requiere desarrollar ciertas normas. Primero que todo, debe establecer y utilizar métodos efectivos de comunicación, en otras palabras, decir la verdad, y al hacerlo, expresarla con seguridad, no en forma defensiva. Diga lo que cree, y confronte de una manera no agresiva a quienes lo avergüenzan y juzgan. Es importante sentir que sus sueños y deseos valen la pena, ya que sería difícil cumplirlos si no cree que se los merece.

Usted se merece la vida que ama. Separarse de esos patrones en forma exitosa, significa sentirse confortable por ser independiente. Si tiende a depender de otros, éste es el momento de practicar la independencia. Vaya al cine o a comer solo. Si quiere hacer algo pero no ha podido porque no hay nadie disponible, hágalo de todas formas; desarrolle su independencia. Finalmente, su habilidad de desprenderse depende de sentirse capaz. Si es necesario, recuérdese a sí mismo cada día: *Soy capaz; puedo hacerlo*. Construya su propio sentido de capacidad, con seguridad siempre ha estado allí, pero nunca antes lo ha ejercitado.

Las ventajas de apartarse de la forma de pensar ajena incluyen un mejor estado de consciencia, más confianza en sí mismo y un sentido superior de la autovaloración. Cuando reconoce y entiende sus creencias heredadas, es menos posible que las mantenga en su repertorio. Ser consciente le permite identificar sus creencias y diferenciarlas de las de los demás, y también le da la habilidad de comprobarlas. El valor propio le otorga completa autoridad para mantener sus creencias, así sean diferentes de los demás.

Ejercicio

Si existen ciertas creencias ajenas que continúan deteniéndolo en su progreso hacia sus metas, realice un ritual para devolver lo que no es suyo, y mantener lo que le pertenece por derecho propio. Cierre sus ojos y coloque una almohada sobre su regazo. Coloque en la almohada todas las creencias negativas ajenas que no son suyas. Inclúyalas todas e imagínese que se introducen dentro de la almohada. Ahora, entregue la almohada a la persona imaginaria que es dueña de todas esas creencias. De igual forma, decida cuáles son las suyas y reclámelas como propias. Los pensamientos positivos pueden servir como afirmaciones. Extienda sus brazos y llévelas a su corazón. Complete este ejercicio con la declaración: "Yo creo en mí".

Su éxito en el camino a la abundancia depende de lo que usted cree. Usted escoge qué creer sobre sí mismo, sobre su vida, y sobre sus sueños. Escoja creer que todas las cosas son posibles, y luego observe cómo la vida se abre ante sus ojos.

¿Qué aprendió de sus padres con respecto al dinero?

¿Qué opinaba su madre del dinero? _____

_____

_____

¿Ella gastaba mucho o le gustaba ahorrar? _____

_____

_____

_____

¿Tenía miedo de tener o no dinero? _____

_____

¿Tenía alguna rutina con respecto al dinero? _____

_____

¿Cómo contribuyó su pasado en la forma de pensar sobre el dinero? _____

_____

_____

¿Qué aprendió de su madre con respecto al dinero?

_____

_____

_____

¿Qué creencias heredó de ella sobre el dinero? _____

_____

_____

Por lo tanto, la creencia que aprendí de mi madre sobre el dinero es: _____

_____

¿Cuál era la creencia de su padre sobre el dinero? _____
_____
_____

¿Él gastaba mucho o le gustaba ahorrar? _____
_____
_____

¿Tenía miedo de tener o no dinero? _____
_____

¿Tenía alguna rutina con respecto al dinero? _____
_____

¿Cómo contribuyó su pasado en la forma de pensar sobre el dinero? _____
_____

¿Qué aprendió de su padre con respecto al dinero? _____
_____
_____

¿Qué creencias heredó de él sobre el dinero? _____
_____
_____

Por lo tanto, la creencia que aprendí de mi padre sobre el dinero es: _____
_____
_____

PARTE DOS

LA ABUNDANCIA ES FÁCIL: LOS DETALLES DE CÓMO MANIFESTAR LOS DESEOS

CAPÍTULO CINCO

COORDINE SUS PENSAMIENTOS CON SUS DESEOS

Ya sea que piense que puede, o que no puede,
usted tiene la razón.

—HENRY FORD

¿Qué está pensando? Su mente es activa, muchas veces hiperactiva, con pensamientos en constante movimiento. Los pensamientos son continuos y llegan sin esfuerzo; siempre está pensando. Usted piensa cuando lo debe hacer: al estudiar o al resolver problemas en el trabajo, y piensa cuando no debe hacerlo —en el momento de acostarse a dormir—. Los pensamientos llegan con o sin invitación previa. Piensa al tomar una ducha, o al conducir su auto. Muchas veces no le da importancia a sus pensamientos, pero otras veces, interrumpen su experiencia. Siempre permanece ocupado mientras piensa. Aun sin movimiento, su cuerpo puede continuar ocupado por medio de los pensamientos. Los pensamientos tienen un propósito importante: usted debe pensar para saber y para resolver problemas.

Pero, ¿en qué está pensando? Más importante aún, ¿cómo lo está haciendo? ¿Piensa en forma positiva o negativa?, en otras palabras, ¿es optimista o pesimista? ¿Sus pensamientos reflejan el lado oscuro o brillante de las cosas?

Algunas personas son optimistas por naturaleza; quizás nacieron con el cromosoma de la buena suerte, y encuentran fácil ver el lado brillante y positivo de todas las cosas. Su reacción hacia el pesimismo y la adversidad es diferente. No se enfurecen o frustran, y por el contrario, parecen aceptar las situaciones difíciles. Cuando no consiguen el trabajo que desean, creen que algo mejor resultará. Cuando pierden su chequera, creen que al final les será devuelta. Los optimistas parecen creer siempre que sucederán cosas buenas.

Algunas personas fueron educadas para ser optimistas. Desde temprana edad se les enseñó a pensar positivamente y fueron apartadas de los pensamientos negativos. Aquellos que crecen en un medio ambiente optimista tienen una gran posibilidad de mantener ese estilo de comportamiento. Aprenden a ver la vida desde una perspectiva positiva, tienen una longevidad larga, y raramente sufren de depresión o ansiedad.

¿Cómo influyó su familia en sus actuales patrones de comportamiento? ¿Sus padres eran optimistas o pesimistas? ¿Se le inculcó a pensar en forma positiva? Aquellos con pensamientos negativos tienden a ser más críticos consigo mismos y con los demás. Este pensamiento es normalmente reforzado por otros. Si su madre pensó que sus comentarios negativos eran graciosos, hay más posibilidad que los repita, pero si no son celebrados, eventualmente disminuirán y dejarán de existir. El pensamiento negativo crea un desgaste de energía en las otras personas —es difícil de escucharlo después de un tiempo, y se siente desestimulante—.

Otros buscan la compañía de pensadores optimistas, y prefieren rodearse de individuos agradables y con una actitud positiva a todo nivel. Dichas personas incrementan la calidad de sus vidas. Los optimistas escogen la compañía de individuos con características similares, y aquellos que desean ser optimistas, buscan tal compañía con la esperanza de adquirir su energía positiva. El optimismo es una gran sensación.

El pensamiento positivo y negativo son fuerzas opuestas, y se repelen la una a la otra. El pensamiento positivo es constructivo e incrementa la posibilidad de resultados deseados. El negativo, por otro lado, es de carácter destructivo y tiene el poder de crear resultados indeseados. El pensamiento negativo es el patrón común de la mayoría de las personas. El pensamiento catastrófico, o cuando alguien piensa lo peor de una situación, es una forma intensificada del pensamiento negativo.

¿Qué está pensando?

Es difícil poner continua atención a sus pensamientos debido a que algunos de ellos parecen alejarse, mientras que otros dan la impresión de estar con nosotros indefinidamente. Aquellos que lo disturban llaman su atención en forma inmediata, lo asustan y lo alarman, y lo obligan a poner atención.

Por lo general, los pensamientos son negativos pero no alarmantes, pero eso es suficiente para sabotear su camino a la abundancia. A un nivel consciente, usted reconoce los pensamientos negativos, pero los hay a un nivel subconsciente también, y éstos se escapan a su raciocinio. No está consciente de muchos de sus pensamientos negativos, pero aún así, existen, y tienen el poder de afectar el cumplimiento de sus deseos.

Los pensamientos negativos están ahí, a la espera de la oportunidad para expresarse. La gente tiende a pensar en lo negativo antes de lo positivo. Estos pensamientos viven como en piloto automático —usted no dirige sus pensamientos hacia pensamientos negativos, simplemente sucede—.

La mayoría de los individuos están programados para pensar que algo malo sucederá antes de algo bueno. Piensan que no recibirán el ascenso en el trabajo, o que su auto se va a averiar. Ciertamente, no quieren que suceda estas cosas, pero piensan el lado negativo en forma natural. La verdad es que la gran mayoría —incluyéndose usted— conciben cientos de pensamientos negativos todos los días, y a lo largo del transcurso de sus vidas. No olvide que sus pensamientos crean su actitud.

Los pensamientos negativos están compuestos de temor y juzgamiento, y reflejan las heridas y errores del pasado. Son efectos residuales de momentos en que se sintió frustrado o abandonado, y son la continuación de sus experiencias pasadas. Como resultado, podría pensar que no pasará una prueba importante, que perderá un gran juego, que su vuelo se retrasará o que será cancelado. Los temores dominan muchos de sus pensamientos, y aquellos negativos comunican miedo en lugar de esperanza.

Sea consciente de sus pensamientos y así será consciente de sus temores. ¿Tiene miedo de perder o de triunfar? ¿Tiene miedo de estar solo o de cometer un error? ¿Tiene miedo de lo que los demás piensan de usted? El temor crea la base para los pensamientos negativos.

La mayoría de los pensamientos negativos reflejan el miedo

Apartarse de sus temores, es apartarse de sus pensamientos negativos, pero por supuesto, no es tan fácil hacerlo como parece. La gran mayoría trata de justificar esta clase de pensamientos negativos debido a su incapacidad de apartarse de ellos por completo, y por tal razón buscan la manera de evadirlos.

Muchos permanecen ocupados en su esfuerzo para controlar los pensamientos negativos: *No quiero pensar en ello*, y encuentran algo tangible que hacer en su lugar. Organizan sus finanzas, limpian el clóset, salen de compras, o hacen cualquier cosa para evitar quedarse quietos, porque la calma invita a pensar. Nadie quiere tener malos pensamientos acerca de una situación en particular, o peor aún, sobre sus propias vidas, y por lo tanto buscan la distracción mediante cosas que hacer. Algunos pueden realizar más de una actividad a la vez; pueden tejer y leer mientras ven televisión. Siempre están seguros de tener algo que hacer para mantener sus pensamientos a raya. Ignorar la situación da resultados hasta cierto punto, pero lo obliga a permanecer en guardia en contra de los ataques de pensamientos negativos.

El pensamiento negativo impide la abundancia al crear obstáculos en su camino. Cada pensamiento de temor representa un impedimento más. Considere cuántos pensamientos de esta naturaleza tiene cada día. ¿Cuántos obstáculos está creando en su ruta a la abundancia? Si cree que algo no funcionará, y que lo planeado no dará resultado, el pensamiento negativo aparecerá para prepararlo en su frustración. Quizás crea que si se prepara, los malos resultados no lo harán sentir tan mal. Tampoco lo harán sentir bien, pero por lo menos no parecerán tan mal, como hubiera sucedido, si no hubiera estado preparado. Quizás se dirá a sí mismo: *Sabía que eso iba a pasar.*

Mucha gente está acostumbrada a pensar en que lo que temen sucederá: *Creo que perdí el examen*, o: *Creo que no tuve una buena entrevista.* Todavía no conoce los resultados, pero ya se están preparando para la pérdida o el fracaso. No se torture a sí mismo prematuramente con pensamientos negativos y temerosos. Escoja pensar en forma diferente.

Piense sólo en términos positivos, y espere únicamente resultados positivos

En el mejor de los casos, los pensamientos son sólo una ilusión. Así es, es muy fácil pensar en que algo sucederá aun cuando nunca ocurra. De igual forma, puede pensar que algo *no ocurrirá*, aun cuando así suceda.

Los pensamientos no son confiables, pero reconózcalos sin permitirles que controlen su vida. Los pensamientos son apenas eso; pensamientos. No deje que actúen como una autoridad sobre usted. Escoja pensar menos. La mente está sobresaturada con pensamientos que lo pueden hacer sentir confundido y cansado. No es de extrañarse que millones de personas sufran de dolores de cabeza, ¡ellos piensan demasiado! Se han convertido en una tragedia intelectual. Si usted siempre está pensando, y tiene la tendencia a pensar en lo peor de una situación, también se ha convertido en una tragedia intelectual. Es hora de que se aparte de ese hábito.

Déle a su mente el tiempo merecido para descansar. El nivel de estrés que experimenta tiene que ver más con la forma en que lo percibe, y menos con la situación misma. Es lo que *piensa* sobre la situación —y no la situación— lo que le causa estrés. En otras palabras, cuando piensa que tiene una cantidad de cosas por hacer, se siente estresado y saturado, y sin duda se sentirá de esa forma antes de que inicie su tarea. Como resultado, el estrés se desarrolla a partir de sus pensamientos. Si anticipa dificultad o problemas, seguramente pensará "no puedo", y al hacerlo, no colocará el esfuerzo necesario y se rendirá a sus pensamientos negativos.

Piense menos; sienta más

Los pensamientos lo distraen de sus sentimientos. Si se inclina más hacia sus pensamientos, es más difícil sentir. Nuestra sociedad se siente más a gusto con el lado intelectual que con el emocional. Las personas por lo general preguntan qué piensa sobre algo antes de investigar cómo se *siente*. Puede escoger pensar todo lo que quiera sobre una situación, pero al final, ese pensar puede no tener importancia. Sus pensamientos pueden ser equivocados. Puede pensar todo lo que quiera sobre un monstruo verde sentado afuera de su puerta, hasta el punto en que le da miedo abrirla, pero aun así, no significa que hay un monstruo. Simplemente significa que usted piensa que hay uno, y que se ha convencido de reaccionar a dicho pensamiento.

Quizás piensa de esta forma todo el tiempo, y se convence de que lo que piensa es correcto, así no lo sea. Puede pensar, por ejemplo, que su pareja está atraída hacia alguien más, así no exista una prueba real para ese pensamiento. Las personas a menudo piensan sobre lo que más temen.

Los pensamientos son a menudo confundidos con percepciones. Éstas últimas se basan en cómo vemos y experimentamos una situación. Es difícil distinguir entre percepción y pensamiento debido a que a menudo son conceptos de igual manera pero la percepción tiene un grado superior de equivocación porque depende de interpretaciones personales. Usted crea su propia percepción para cumplir con sus necesidades, lo cual también se aplica a sus pensamientos.

Usted escoge sus pensamientos, así que hágalo sabiamente

Piense en términos que lo conduzcan a lograr sus deseos. Expándase en el concepto de la frase "piense lo que desee" y piense en lo que en realidad quiere que suceda. Pregúntese: "¿Qué quiero que suceda?" Si lo hace, moverá sus pensamientos en la dirección de sus deseos.

Los pensamientos son intensiones no expresadas verbalmente. Aun cuando existen en silencio dentro de su mente incansable, ellos llaman la atención del universo. Lo que piensa —y la forma como lo hace— tiene un impacto profundo en su vida. Sus pensamientos son una conexión directa con el mundo espiritual, donde los deseos y sueños se cristalizan. Lo que escoge pensar, tiene la capacidad y el poder de cumplirse. Los pensamientos son energía, y ponen los deseos en movimiento.

Los pensamientos influencian los resultados

Los pensamientos, a pesar de la confusión que crean en su interior, son poderosos métodos de comunicación. Una semilla plantada en la tierra no se puede ver, pero aun así, tiene la capacidad de convertirse en un gran árbol. Sus pensamientos son semillas, y aquellos buenos, producen resultados positivos. Los pensamientos que ha escogido influencian la creación de algo extraordinario en su vida. Plante sólo buenos pensamientos.

Si es optimista por naturaleza, le será fácil coordinar sus pensamientos con sus deseos. Si no, debe tener cuidado con ellos, y estar alerta y consciente de su forma de pensar.

Sus pensamientos deben coincidir con sus deseos. Si quiere ser promovido en su trabajo, piense que lo logrará. No se enrede en los procedimientos o abandone la posibilidad de ser promovido a través de pensamientos negativos como: "No hay vacantes en este momento" o "Nunca va a ver una oportunidad en ese departamento". Escoja creer que cualquier cosa es posible. Piense en términos de lo que quiere que suceda y no en lo que le podría pasar. Cualquier cosa puede suceder. Pensar que no hay vacantes o que nunca recibirá una promoción, empuja el resultado exactamente hacia lo que no quiere que suceda. Piense conscientemente. Piense sólo en términos de sus deseos.

Piense conscientemente y con cuidadosa consideración. Los pensamientos son poderosas expresiones de sus intensiones. Si piensa que algo malo va a suceder, incrementará la posibilidad de un resultado en esa dirección. Pensamientos de temor producen la misma clase de resultados. Igualmente, si piensa en la forma en que quiere experimentar, muy posiblemente atraerá lo que desea. Los pensamientos son poderosos; piense sólo en términos de sus deseos y lleve un cuidadoso registro de lo que sucede en su vida.

Revise su lista de deseos del capítulo tres y rechace cualquier creencia negativa que tenga en relación con sus deseos. ¿Cree que nunca va a conocer al hombre o mujer que comparta sus intereses? ¿Cree que nunca va a estudiar medicina aún cuando es lo que más quiere? Borre los pensamientos negativos; acepte que todas las cosas son posibles —y observe con asombro lo que sucede—. Sus pensamientos hacen que sus deseos fructifiquen. Escoja lo que desea, y crea que sus deseos son posibles de alcanzar.

Los pensamientos influencian su presente y futuro. Lo que piensa que podría pasar, puede suceder en realidad. Sea cuidadoso con sus pensamientos y corrija aquellos negativos o basados en temor. Esta clase de pensamientos no son útiles para usted. Usted desea una vida llena de cosas y experiencias maravillosas. Mantenga buenos pensamientos.

Anticipe buenas experiencias y resultados. Sea creativo. Piense en todas las cosas positivas que pueden emerger de una situación. Imagínese que su compañera de casa ha decidido irse a vivir con su novio, ¿qué significa eso para usted? ¿Cuales son los posibles resultados positivos de esta acción? Quizás viva solo por un tiempo y lo encuentre revitalizante. Quizás encuentre a otra persona con quien vivir y que comparta sus mismos intereses. Su novio podría ir a vivir con usted. Podría buscar y encontrar un apartamento más económico. Anticipe lo positivo, y sin importar la situación; escoja pensar en las buenas posibilidades.

Aquellos que piensan en forma negativa pueden sentir que no son merecedores de sus deseos. Piensan que no pueden tener educación universitaria, o la casa de sus sueños, porque no se lo merecen, y a menudo sienten celos y envidia por quienes han alcanzado sus sueños. No desperdicie pensamientos poderosos en sentimientos negativos, como la vergüenza o falta de confianza. Permítase tener lo que desea, y evite castigar a otros por tener lo que ellos desean. Recuerde, la abundancia es su derecho de nacimiento.

Escoja pensar en la forma apropiada

Cambie sus pensamientos y cambiará su vida. Recuérdese cada día que usted se merece todas las cosas buenas. Aprenda a recibir de los demás sin sentirse culpable o avergonzado. Acepte todo lo que es bueno y lo que mejora su vida. Reciba regalos, alagos y gentileza. Diga "gracias". Sentir que no se merece algo crea culpabilidad, y demanda a su vez que pague o retorne los favores recibidos lo más pronto posible. Abandone el temor de que las personas pensarán mal de usted —o no lo aceptarán— si las cosas no son iguales entre ustedes. No hay necesidad de que todo sea igual. Permita que la gente le demuestre cordialidad, abra sus brazos y su vida para recibirla. Usted se merece todas las cosas buenas de la vida.

Sus pensamientos son llaves poderosas que abren su vida a la abundancia, y por lo tanto debe cultivar una forma positiva de pensamiento. Así como las monedas tienen dos caras, siempre hay dos formas de pensar en una situación. Cada pensamiento negativo tiene su opuesto; encuentre el lado positivo. Cuando sea retado por una situación, pregúntese: "¿Cuál sería la forma positiva de ver esta situación"?

Experimente las cosas como son, no como piensa que son. Sus pensamientos lo ayudarán ya sea a progresar o evitarán que avance. Si piensa que algo malo sucederá, se confundirá en su camino, o peor aún, se detendrá. Continúe avanzando y encuentre el lado positivo. Pronto descubrirá que no tiene que esforzarse tanto como lo hizo al principio. Pensar en forma positiva se convierte en algo fácil de hacer, y eso mismo sucede con la abundancia.

La abundancia llega con poco esfuerzo

El optimismo lo ayudará a lo largo de su vida. Un pensamiento positivo crea un acercamiento positivo, incrementando la posibilidad de un buen resultado. Mantenga circulando los pensamientos y experiencias positivas, se asombrará del increíble sentimiento que genera y de la forma en que mejora su vida cada día. Encuentre lo positivo en todas las cosas y en todas las situaciones; conviértase en un optimista.

Donna estaba retrazada para ir a trabajar, pero de todos modos tenía que parar en el banco y hacer un depósito. Cuando llegó, sólo las ventanas para el servicio externo estaban abiertas, y las puertas del banco todavía estaban cerradas. Se preocupó por un instante cuando vió dos autos a la espera al frente del suyo, y no sabía cuánto tiempo se iban a demorar, y qué tan tarde iba a llegar a su trabajo. Escogió pensar que las transacciones serían rápidas y fáciles. Siguió repitiéndose a sí misma "rápidas y fáciles", hasta que el auto al frente se movió hacia la ventana para ser atendido. El auto partió casi de inmediato ya que esa persona sólo necesitaba dejar algo en el banco. Luego, fue su turno e hizo su depósito. Se sintió complacida de que el proceso había sido rápido y fácil.

Coordine sus pensamientos con sus intenciones. Cuando se sienta fuera de control en una situación, escoja pensar en forma positiva. Muchas veces la única oportunidad que tenemos para crear un resultado positivo, es pensar de la misma forma. Escoja pensar positivamente sin importar la situación. Esto producirá maravillosos —si no increíbles— resultados.

Escoja pensar que la espera en la oficina de registros será corta, que hay cupo en la clase que desea tomar, y que una oferta de trabajo llegará. Piense que el apartamento que quiere estará disponible, y que los cheques que escribe serán confirmados. Piense que la persona con quien vive estará en casa el día que se le olviden sus llaves; piense que la tarea será fácil, y que tiene suficiente dinero consigo a la hora de pagar en el supermercado. Piense que los resultados serán buenos, que el banco aprobará el préstamo, y que el sol brillará en ese día especial.

Piense con certeza y no con duda. Las buenas intensiones deben ser claras y concisas. Evite la duda porque causa confusión y crea resultados similares. Tenga claro lo que quiere experimentar y coordine sus pensamientos para lograrlo. Piense que podrá.

Se requiere del mismo esfuerzo para ser negativo o positivo. La diferencia está en el resultado. Produzca el resultado deseado coordinando sus pensamientos con sus intensiones.

Piense lo bueno, no lo malo.
Piense lo fácil, no lo problemático.
Piense en escoger, no en sacrificar.
Piense con felicidad, no con tristeza.

¿Está luchando con algunos pensamientos en este momento? ¿Son negativos o reflejan miedos? Si ese es el caso, complete el ejercicio al final de este capítulo y transforme sus pensamientos negativos en positivos.

Piense en qué desea, pero hágalo de la forma que beneficie sus propósitos más altos

Finalmente, confíe en sí mismo. Tener pensamientos positivos sobre situaciones y experiencias es más fácil cuando cree en sí mismo. Usted es capaz. El libro clásico infantil *The Litlle Engine That Could* (La pequeña locomotora que sí pudo), es un recordatorio del poder de los pensamientos. Cuando se prepare para un reto, comience pensando que sí puede enfrentarlo y lograrlo: "Pienso que puedo".

Escoja pensar que todas las cosas son posibles, sin importar la forma en que aparecen en frente de usted. A medida que avanza en su reto, sus pensamientos cambian de "creo que puedo" a "sé que puedo". Durante la experiencia, podrá ejercitar esa creencia en usted mismo, y al terminar el reto, cambiará su forma de pensar una vez más diciendo "yo puedo". Confíe en sí mismo y creará una vida de abundancia.

El éxito en su camino depende de lo que cree. Usted escoge creer lo que quiera sobre usted mismo, sobre su vida, y sus sueños. Escoja creer que todo es posible, que aún el firmamento no es el límite, y luego relájese y observe cómo la vida se abre ante sus ojos.

Transforme pensamientos negativos en positivos

Escriba todos los pensamientos negativos que están afectando su abundancia. Luego, escríbalos de nuevo pero en forma positiva. Por ejemplo, el pensamiento negativo *no soy capaz*, puede ser reescrito como *soy totalmente capaz*.

Coordine sus pensamientos con lo que desea manifestar. Recurra a estos pensamientos positivos cada vez que piense en términos indeseados. Transfiera sus pensamientos hacia lo positivo y celebre los resultados deseados.

Pensamientos negativos

_____
_____
_____
_____
_____
_____
_____
_____

Pensamientos positivos

_____
_____
_____
_____
_____
_____
_____

CAPÍTULO SEIS

EL ARTE DE LA VISUALIZACIÓN

Si puede soñarlo, puede hacerlo.

—Walt Disney

La visualización es un arte, y requiere de imaginación creativa, pero mucha gente la abandona para aceptar el realismo. Temen a desilusionarse, y se convencen a sí mismas que es mejor "ver para creer". Han olvidado cómo soñar.

Debido a que es una forma vital para la expresión creativa, el arte incita a soñar: si puede soñarlo, puede hacerlo. Esta filosofía también se aplica cuando se trata de atraer la abundancia. Al igual que el arte, la vida es todo lo que usted quiera hacer de ella. Los artistas escogen los colores y la forma como llevarán un objeto o una experiencia a la vida. La creatividad guía todo el proceso artístico, y sus creadores —los artistas—, están dispuestos a aceptar errores como parte del proceso. La creatividad es llevada a niveles superiores, a medida que los artistas transforman sus errores en obras de arte.

Si sólo pudiera ver la vida de esa forma, percibiría los errores como oportunidades para crear algo mucho mejor nunca antes imaginado. Los errores crean oportunidades.

Aceptar la vida de esta forma le permite ver lo mejor de las situaciones. Encontrará paz y tranquilidad en las circunstancias inciertas. Puede saborear lo dulce en algo amargo, y aceptará que todo lo que sucede tiene una razón de ser.

La vida no consiste en errores, sólo en oportunidades inesperadas

Así como el artista lleva el color al papel, usted puede traer una visión positiva a los eventos de su vida. Quizás no sabe qué sucederá, pero puede escoger confiar que será bueno. La vida es buena, y por lo tanto todo lo que sucede en ella, aún lo inesperado, es potencialmente bueno. Muchos artistas poseen la capacidad de visualizar su arte mucho antes de iniciar su creación —dibujos, pinturas, esculturas—. Como resultado, la visualización los guía en el proceso físico de crear sus obras.

¿Es usted una persona visual? ¿Puede ver sus deseos y sueños en su mente mucho antes de que se manifiesten? ¿Puede ver su futuro diploma académico colgado en la pared? ¿Puede ver su casa en el campo o su propio negocio funcionando en su comunidad? ¿Puede verse viviendo en otra parte del país? ¿Puede verse casado y cuidando a sus hijos? ¿Puede verse realizándose en su vida?

¿Qué está dispuesto a imaginarse?

Aunque todo el mundo posee imaginación, poca gente la usa en su beneficio. Mucha gente puede imaginarse malas cosas, pero encuentran difícil visualizar eventos y resultados positivos. También rechazan su propia imaginación y prefieren aceptar sólo lo probado, se sienten seguros de esa forma y rechazan la ficción. Las verdades y hechos son importantes y necesarios, pero limitan su visión.

La imaginación es poderosa, y le permite pensar en forma creativa e infinita. Cualquier cosa es posible; la imaginación crea sus sueños. ¿Qué sucedería si imagina sus sueños tornándose realidad? Aún más importante, ¿qué *podría* pasar?

Los niños tienen la libertad de utilizar su activa imaginación, pero los adultos están forzados a tomarlo todo con "seriedad". En esa etapa de la vida, usted es empujado hacia la realidad, mientras se siente confundido e inseguro sobre lo que quiere hacer con su vida. La sociedad determina sus necesidades de acuerdo al tiempo. Se le dice que es tiempo de conseguir un trabajo, tiempo de ir a la universidad, y tiempo de casarse. Nuestra sociedad cree en la filosofía de "continúe avanzando por el miedo a desperdiciar su tiempo".

Por desgracia, esta filosofía no siempre tiene en cuenta sus sueños o el nivel de preparación. Usted quizás siente presión para tomar una decisión que afectará el resto de su vida. Si decide casarse o mudarse a otro país, su vida dará un vuelco. La presión del tiempo contribuye a la pérdida y el abandono de sus sueños.

Quizás decida prestar servicio militar porque no sabe qué más hacer. Sólo sabe que es tiempo de hacer *algo*. Cuando se siente presionado a tomar una decisión, reacciona, y ésta es determinada por las presiones del tiempo y no por sus deseos.

Si es tiempo de hacer *algo*, ¿tiene certeza de qué es lo que tiene que hacer? o, ¿está simplemente reaccionando a las demandas de la sociedad y a las presiones del tiempo? Apenas termina su educación secundaria, la presión comienza para empujarlo a entrar a un mundo atemorizante y desconocido. De alguna forma, este salto hacia lo desconocido asemeja el proceso de su nacimiento. El bebé que es empujado a través de la matriz hacia el mundo, por una fuerza desconocida, no tiene ni idea qué está pasando. La vida se ingenia la manera de empujarlo hacia adelante, ya sea que se sienta listo o no. Se siente presionado a tomar decisiones antes de saber qué es lo que quiere en la vida. Mientras sienta más presión, se moverá más rápido, sin el análisis necesario de hacia dónde se dirige y cómo la presión lo afectará después.

Dedique el tiempo necesario para desarrollar y entender en qué dirección se encuentra su vida. Encamínese hacia sus sueños en lugar de hacia donde siente que la presión lo está empujando. Tome decisiones conscientes, en lugar de aquellas basadas en el miedo. Comúnmente, las personas temen que perderán las oportunidades y no podrán cumplir con sus sueños, pero si dedica su tiempo a tomar decisiones conscientes, se beneficiará de esas oportunidades sin importar el tiempo. Sus sueños son suyos, y usted determina en qué momento hacerlos realidad.

La habilidad para visualizar sus sueños le permite prepararse para lo positivo y lo previene de rendirse ante el miedo. La visualización lo prepara para el futuro deseado, y le da el tiempo necesario para identificar los sueños antes de que se manifiesten.

La visualización se basa en establecer metas y es una gran herramienta para crear la vida que ha soñado. Los objetivos le otorgan la dirección de su camino. ¿Hacia dónde se dirige?

En la cultura occidental, el mes de enero es por tradición la época de hacer una pausa y crear nuevas resoluciones y metas para el año que se inicia; es el momento para construir sueños. Desarrolle metas en lugar de resoluciones. Estas últimas son pasajeras, y por lo general se olvidan unas horas o días después. Por otro lado, las metas permiten que recorra la distancia necesaria para crear la diferencia en su vida. Escriba sus metas para incrementar su visión. Lo visual tiende a manifestarse más rápidamente que lo invisible. Revise sus metas a lo largo del año para mantenerlas actualizadas; no desearía manifestar algo que ya no desea.

La visualización lo posibilita de ver sus metas y sueños realizados. Por medio de ella, puede imaginarse graduándose de la universidad, o enseñando a niños en un salón de clase. Le permite cerrar sus ojos y ver lo que quiere en forma clara antes de tornarse en la realidad. La casa de sus sueños se cristaliza en su mente, puede verse estudiando una profesión en particular o manejando su auto preferido.

Algunas personas pueden visualizar con facilidad personas, cosas o lugares. Pueden cerrar sus ojos y ver todo con detalle, otros pueden también cerrar los ojos, pero no ven nada. ¿Cuál es la diferencia? ¿Por qué algunos pueden visualizar con facilidad y otros no? La respuesta se centra en la diferencia que existe en la mente de las personas.

La visualización no es nada más que la habilidad para soñar, y algunos son soñadores por naturaleza. Pueden soñar o tener fantasías sin mucho esfuerzo. Pueden mirar fijamente una ventana o soñar despiertos en medio de sus rutinas diarias, y dan la impresión de no estar haciendo nada, pero sus mentes están concentradas en crear y componer muchos detalles. Las mentes de los soñadores es activa —no pasiva—. Los soñadores son capaces de ir más allá de lo que se encuentra al frente de sus ojos, y explorar una ancha esfera de conocimiento. Han sido bendecidos con la habilidad de ir más allá de la realidad y alcanzar territorios con posibilidades ilimitadas. Pueden ir más lejos de lo que sucede a su alrededor, y tener la visión de lo que *podría* suceder.

Los soñadores traen sus sueños a la vida sin el conocimiento de su audiencia. Aunque algunos soñadores sueñan despiertos, hay una gran gama de individuos que consideran la posibilidad de que los sueños se pueden hacer realidad. Por desgracia, la sociedad los juzga como personas distraídas o con problemas de atención, cuando en realidad sus mentes están creando ideas que usarán después. Las personas creativas por lo general tienen dificultades en las escuelas porque sus mentes trabajan en forma diferente de aquellas no creativas. Se presume que deben actuar como la mayoría, pero en realidad piensan diferente. Los soñadores tienen una habilidad natural de visualizar, y por lo tanto poseen un don vital para la abundancia. Toda persona tiene la capacidad para soñar, pero pocos se permiten experimentar por completo sus sueños.

Atrévase a soñar

Ayúdese a perfeccionar el proceso de la visualización aceptando el hecho de ser en lugar de hacer. Siéntese con tranquilidad. Cierre sus ojos y acepte cualquier clase de pensamientos o sentimientos que emerjan. No rechace la información poniéndole atención a los detalles. Cuando crea que todas las cosas son posibles, puede soñar sin criticar. El criticismo disminuye la habilidad de soñar porque calcula el sueño en términos reales y lo guía de inmediato a descartar el sueño. No hay razón para soñar si cree imposible que sus sueños se harán realidad.

Los sueños no tienen que coincidir perfectamente con la realidad, y son sólo el punto de partida desde donde puede identificar lo que quiere en su vida. Los sueños ocurren de inmediato cuando su mente tiene la libertad de soñar. No son correctos o equivocados, y tanto los nocturnos como los diurnos traen información. Quizás esté intrigado por su significado, o tema soñar y piense que son absurdos y sin importancia. Sin importar lo que crea al respecto, la habilidad para soñar es vital y es un estado mental natural, pero mucha gente substituye la posibilidad de soñar por pensamientos que ocupan la mente. Prefieren pensar a soñar.

Permítase soñar

Sus pensamientos lo apartarán de su camino a la abundancia con facilidad, ya que imponen una variedad de detalles que interfieren con sus sueños. Imagínese que sueña con visitar Hawai el próximo año, pero después de pensar sólo unos minutos en su viaje, sus pensamientos se apoderan de usted. Ahora piensa en todas las razones por las cuales no puede ir a Hawai: no tiene dinero suficiente. No puede alejarse de su trabajo o estudio. Tiene muchas ocupaciones. Sus padres no lo aprueban.

Como resultado de estos pensamientos, rápidamente se olvida de sus sueños.

La abundancia es exuberante; no tiene límites. Los pensamientos, por otro lado, son limitados. Como ya mencionamos con anterioridad, los pensamientos son obstáculos en su camino a la abundancia, y si usted es como la gran mayoría, dejará de soñar tan pronto como un pensamiento se oponga a sus sueños. Se da por vencido. Le es imposible ver más allá del obstáculo, y procede a abandonar el sueño. Resulta creyendo que no puede hacer su viaje debido a varios detalles que lo impiden.

¿Cuántas veces ha abandonado sus sueños y deseos debido a simples pensamientos? Ha llegado el momento de cambiar su forma de pensar. En la vida de abundancia, es importante moverse más allá de obstáculos y limitaciones preconcebidas. Si el dinero es a menudo un impedimento en su camino, pregúntese: "¿Si el dinero no fuera un problema, iría a Hawai? Aléjese de sus pensamientos hacia las posibilidades ilimitadas.

La abundancia es la vida sin límites, pero aún así, la gente limita sus sueños y deseos. Ellos deciden lo que pueden y no pueden hacer basados en las verdades que encuentran a su paso. Entienda que el universo no percibe la escasez o las limitaciones de la misma forma como las vemos nosotros. El universo sólo conoce la abundancia. ¡Escoja pensar como piensa el universo!

La visualización le permite soñar sin limitaciones

Visualice lo que podría ser posible, en lugar de limitarse a lo que piensa que es posible. Lo que usted escoge pensar es sólo una gota cuando lo compara con el océano. Su importancia es insignificante comparada con el gran plan para su vida. Siempre piense en términos de sus sueños. ¿Qué quiere que suceda? Piense grande, luego, piense mucho más grande.

Tenga en cuenta que está tratando con el universo; esa poderosa y misteriosa fuerza espiritual. Cualquier cosa es posible. Si no está seguro de los detalles de cómo se manifestarán sus sueños, debe seguir invirtiendo en ellos. Crea que todas las cosas son posibles. No es necesario saber cómo sucederán, sólo sepa que ocurrirán: de algún modo, en algún lugar, algún día.

Creer en sus sueños es un prerrequisito para la abundancia. Es correcto dejar muchos de los detalles a la imaginación. ¡Atrévase a soñar! Pida lo que quiera, y deje que el universo se encargue de los detalles. Hay muchas cosas que no sabe sobre la vida, deje a un lado el control y permítase sorprenderse en forma placentera. Deje a un lado la costumbre de preguntar *cómo, qué, cuándo* y *por qué*. Ríndase y olvídese de los detalles. Su trabajo al soñar es simplemente pedir lo que desea. Refiérase a la lista de deseos y empiece a visualizar sus sueños en forma material.

¿Qué quiere en su vida?

La visualización es una poderosa herramienta en el cumplimiento de sus sueños. Imagínese que, desde que era pequeño, ha soñado con vivir a la Florida. ¿Puede cerrar los ojos y visualizar su vida en ese lugar? ¿Puede ver las palmeras? Si no las puede ver, ¿puede sentir la energía de estar en la Florida? ¿Puede sentir el calor del sol radiante?

La visualización utiliza muchos sentidos. ¿Puede escuchar las aves y el mar? Si desea abrir un restaurante, ¿puede verse a cargo del negocio? ¿Qué ropa tiene puesta? ¿Qué está haciendo? ¿Cómo es su rutina diaria cuando es dueño de un restaurante?

La visualización es un arte; es el proceso mediante el cual sus sueños se hacen realidad. No existe una forma correcta o equivocada de visualizar sus sueños. En realidad, la visualización siempre es correcta, y sólo requiere de esfuerzo. Debe dedicar el tiempo para visualizar sus sueños y deseos.

Para realizar la visualización se necesita de un lugar tranquilo. No puede realizarla con eficacia si la intenta mientras maneja su auto, o ve TV. Se requiere que bloquee su mundo exterior para darle paso a su mundo interior. Sus sueños están atrapados dentro de usted esperando el momento para expresarse. Para ver y experimentar sus sueños debe ir a su ser interior. Si se siente algo agitado, simplemente necesitará tiempo para sentarse y cerrar sus ojos. Si tiene dudas en cuanto al proceso, puede distraerse con facilidad, en especial al comienzo. Así como en la mayoría de las cosas, la visualización se hará más fácil a medida que practique. Familiarícese con el proceso un paso a la vez:

1. Siéntese en forma confortable.

2. Mantenga silencio.

3. Cierre sus ojos por unos pocos minutos.

4. Cierre sus ojos por un período largo de tiempo.

5. Respire.

6. Aquiete su mente.

7. Permita que se desarrollen las visiones, sonidos o experiencias.

Quizás le lleve más tiempo aprender alguno de los pasos, y su primer intento puede crearle sentimientos de frustración o impaciencia.

Tenga paciencia con usted mismo y con el proceso, después de todo, apenas es un principiante. Los resultados positivos se presentan al practicar, pero no en forma rápida. Quizás le tome una semana para poder sentarse calmadamente. Trabaje a una velocidad moderada, y tómese su tiempo sintiéndose a gusto en cada uno de los pasos en lugar de apresurarse hacia su objetivo: la habilidad de visualizar sus sueños. La visualización es un proceso, y la visualización exitosa se basa en la capacidad de seguir el proceso. Lo que sucede, debe suceder. Si no puede visualizar al principio, acéptelo, eso es también parte del proceso. Permítase vivir la experiencia, y al hacerlo, ocurrirán cosas maravillosas.

La abundancia requiere de la paciencia, y al formular sus sueños y deseos, debe tenerla consigo mismo, con el proceso y con el universo. A medida que aprende a visualizar, también aprenderá estos otros componentes importantes para alcanzar la prosperidad y la abundancia.

La visualización también requiere de práctica; es una habilidad aprendida que demanda tiempo y persistencia, y no algo que sólo piensa hacer. Debe hacerlo realmente. Siéntese con sus ojos cerrados para crear la oportunidad de que ocurra la visualización. Con experiencia el proceso será agradable.

La visualización es divertida. Así como es agradable diseñar la casa de sus sueños, o planear la boda perfecta, es también placentero soñar e imaginarse sus deseos. Pensar o "ensayar" sus sueños antes de que se hagan realidad, es emocionante, y lo impulsan a moverse en el camino para crear una vida de abundancia. La visualización lo ayuda a confirmar que sus sueños pueden cumplirse.

Justin planeó construir su casa desde que tenía diez años de edad. Con el pasar de los años, iba añadiendo otras ideas y deseos a su objetivo. Sabía lo que quería en su casa; desde una chimenea, hasta una tina de baño en la alcoba principal. Dibujó el diseño en un papel y mantuvo vivos sus sueños. Eso lo motivó para ir a la universidad y encontrar una buena profesión. Justin estaba decidido a hacer de sus sueños una realidad.

La visualización se torna más fácil a medida que practica. Si al pasar el tiempo todavía tiene dificultades para visualizar sus sueños y deseos, puede crear una visualización física alterna para lograr su objetivo. Pegue en un cartón del tamaño de un póster palabras e imágenes que representen sus sueños y deseos. Si quiere atraer una relación amorosa, encuentre las palabras que mejor la definan y colóquelas en el cartón. Incluya imágenes de anillos de bodas para simbolizar matrimonio, o la foto de una palma que simbolice unas vacaciones en un lugar cálido. Escoja las palabras que complementan sus imágenes.

Pegue en el centro del cartón una imagen o palabra que represente su espiritualidad. Puede incluir la palabra Dios, o la imagen de un árbol o una cruz. Escoja la palabra o imagen más apropiada que simbolice sus creencias espirituales. Al hacerlo, reconocerá al universo, a Dios, o a cualquier poder superior, como la fuente de abundancia. Dios es la fuerza vital para hacer que sus sueños se hagan realidad.

Corte las imágenes y palabras de revistas que representen sus deseos. Incluya elementos de su vida ideal como un matrimonio, una familia, la seguridad financiera, una casa, unas vacaciones o un diploma de grado. El póster es la representación física de lo que quiere manifestar en su vida. El tiempo que dedica a crearlo debe ser agradable y placentero, y manténgalo en un lugar donde lo observe a diario.

La visualización invita a sus sueños a acercarse. Al visualizarlos, le comunica al universo que está interesado en ellos. Está demostrando que quiere que sus sueños se hagan realidad, cree que se harán realidad, y está buscando la ayuda del universo para hacer que eso suceda. La visualización prepara el camino para que los sueños se cristalicen, y a su vez, le permite ver cómo se logran antes de que se manifiesten. La visualización le permite prepararse para dar la bienvenida a esta bendición, empujando sus sueños hacia su realización.

La paciencia es indispensable para que sus sueños se cumplan, y no se desanime o frustre si no sucede de inmediato. Los sueños siempre se cumplen en el momento correcto, aún cuando no esté es sus planes. Tenga paciencia con usted y con el proceso; estos son sus sueños y merecen su paciencia y persistencia. Déles tiempo para que se desarrollen, y no se afane o resultará aceptando menos de lo que en realidad espera. Dedique tiempo a la fase del sueño y visualícelos a medida que espera con paciencia su llegada.

Enfoque su visualización en la realización de un sueño a la vez. La visualización establece su intención, y no debe confundir al universo al visualizar varias cosas al mismo tiempo. Identifique lo primero que le gustaría visualizar, y cuando el sueño se cumpla, hágalo con el siguiente.

Tampoco sobrecargue su cartón con muchas imágenes o palabras. Deje espacios abiertos y mantenga un sentido de claridad mientras manifiesta sus deseos. Si todos sus sueños se cumplen al mismo tiempo o de inmediato, se sentirá abrumado. Podría resistirse al cumplimiento y puede rechazarlos y enviarlos de nuevo al plano invisible. Permita que cada sueño se cumpla a su debido momento, uno a la vez, y en su orden de importancia.

El trabajo apropiado

Para muchos individuos, el sueño más importante es encontrar el trabajo apropiado que les brinde satisfacción. El trabajo es el medio por el cual alcanzamos abundancia material y financiera, y en la cultura norteamericana, es un componente integral del llamado "sueño americano". Aunque muchos están en su búsqueda, o lo que equivalga en sus propias culturas, muy pocos tienen la fortuna de vivirlo.

Quizás logran acumular dinero y bienes materiales, pero todavía carecen del sentido de la gratitud y la aceptación que equilibra todos estos elementos. La abundancia incluye una vida agradable y disfrutar de lo que prefiere hacer.

El trabajo consume una gran cantidad de tiempo Normalmente, las personas trabajan cuarenta o más horas a la semana, sin contar el tiempo que se gasta yendo y viniendo del trabajo. Por medio del trabajo la gente paga sus cuentas y escoge su estilo de vida. Al menos que haya nacido con una riqueza preestablecida, debe mantener su forma de vida por medio del trabajo.

A menudo muchos resultan haciendo diferentes clases de trabajos u oficios, o aceptan cualquier cosa que se les presenta. Las decisiones están dictadas más por la conveniencia o habilidad, que por su voluntad. Quizás su madre fue una enfermera que consiguió un trabajo en el hospital local donde el pago y los beneficios eran favorables. Si usted necesita un pago, eso se convierte en la base de su decisión para aceptar un trabajo.

Quizás ha aceptado un trabajo para ganar un sueldo, o ha cambiado por las mismas razones —para ganar más dinero—. Usted trabaja "para vivir", para pagar sus cuentas. Quizás trabaja para tener más en su vida: más posesiones materiales como autos o botes. Como resultado, podría disgustarle su trabajo porque es algo que tiene que hacer para pagar sus cuentas.

El trabajo es el elemento primario para alcanzar la abundancia, por lo tanto, debe escogerlo porque lo satisface y disfruta, no en función del salario. La satisfacción en la vida no emana de un cheque de pago, pero sí de sentirse contento y feliz. Evite la creencia errónea de que si gana más dinero, será más feliz. El dinero muy rara vez trae la felicidad. Encuentre un trabajo que disfrute, y el dinero vendrá.

Al buscar su profesión ideal, tenga en cuenta sus deseos. Utilice la visualización como ayuda para encontrar lo que es correcto para usted. No acepte "cualquier trabajo" con el fin de recibir una paga. Si tiene que aceptar un trabajo introductorio en contra de su voluntad, tenga presente que este tipo de trabajos son pasajeros, sirven para ganar experiencia, y son como escalones en su camino hacia lo que en realidad quiere hacer. Escoja un trabajo que le permita alcanzar sus ambiciones, y eso incluye, aquello que en realidad desea. Muévase en la dirección de su profesión deseada.

Experimente y disfrute

Experimente diferentes trabajos y personas. No deje que otros lo presionen a decidir en qué trabajará o qué hará por el resto de su vida. Tómese tiempo para decidir y experimentar con sus deseos y descubrir sus intereses. Si le atrae la idea de ser un doctor, trabaje en un hospital o clínica para tener esa perspectiva, y si descubre que no le gusta, escoja algo más. A pesar de las opiniones ajenas, no se avergüence. Siga sus sueños.

Evite asociar el fracaso con un trabajo en particular. Cuando se impone este tipo de sentimiento, se está bloqueando a sí mismo en su camino a la abundancia. Usted coloca sus propios obstáculos en la búsqueda del éxito. No puede fallar en su inicio hacia la abundancia, donde no hay calificaciones o evaluaciones, sólo experiencias. Muévase hacia adelante. No se case con el primer trabajo que encuentre. Tenga el coraje de experimentar y descubrir el trabajo que más disfrute. Va a trabajar por mucho tiempo, así que encuentre el que más se ajusta a usted.

Las profesiones tienden a dar la impresión de ser posiciones permanentes o fijas. Los trabajos por otro lado son por lo general temporales, o algo que usted hace por un tiempo. Durante toda su vida quizás tendrá muchos trabajos, pero sólo una o dos profesiones. Considere los trabajos que hasta ahora ha tenido, y haga una lista de las cosas que cada uno le ha enseñado. Identifique la habilidad, destreza o tipo de conocimiento que cada una de esas experiencias le ha dejado. Súmelas todas y descubrirá los componentes de su trabajo ideal —el trabajo que es perfecto para usted y que fue destinado para realizar en este planeta—.

Usted ha sido educado para descubrir su trabajo ideal

Sus tempranas experiencias lo guiarán en la dirección de su trabajo ideal. Es la clase de trabajo que es natural para usted, es significativo, y lo llena de satisfacción. Su trabajo perfecto es la culminación de todo lo que ha disfrutado en sus otros trabajos. Es creado con lo que más le agrada hacer —trabaja, disfruta y está dispuesto a hacerlo—. Es la clase de trabajo que haría aún sin que le pagaran. Escoja el trabajo que es ideal para usted; escoja la mejor forma de ganarse la vida.

Jenice ha tenido los siguientes trabajos desde que era adolescente: repartidora de periódicos, cajera en un supermercado, y ayudante en un ancianato. Al examinar sus ventajas en esos trabajos, descubrió que disfrutaba de ayudar a la gente. Se dio cuenta que prefería hacer las cosas a su propio ritmo, y asoció la flexibilidad de ser creativa con la estructura de ser organizada. Valoró la importancia de disfrutar su tiempo en el trabajo ya que es una persona jovial por naturaleza. Estos componentes la ayudaron a descubrir su deseo de interacción personal, su interés en prestar un servicio, y la preferencia de hacer cosas divertidas para los demás. Con el tiempo, encontró su profesión ideal en el cuidado de niños, lo cual disfruta con agrado. Jenice descubrió la mejor forma de ganarse la vida.

¿Cómo puedo encontrar mi trabajo ideal?

Lamentablemente, mucha gente nunca encuentra la forma más satisfactoria de ganarse la vida. Después de que encuentran un trabajo, quizás nunca buscan otro por el resto de sus vidas, y se conforman con el salario o con lo que hacen. Ya saben cómo hacer su trabajo y no aspiran a desarrollar otras habilidades. Aún más, se convencen que no pueden desempeñar con éxito otra labor, o que no podrán obtener la misma paga o beneficios si trabajan en algún otro lugar.

No ponga atención a esas creencias. La forma correcta de ganarse la vida requiere de su continua búsqueda hasta encontrar lo que es perfecto para usted. Tenga el suficiente valor para explorar diferentes profesiones y trabajos.

Es más fácil aceptar un trabajo que moverse en la dirección correcta hacia su profesión ideal. El trabajo perfecto requiere tanto de valor como de paciencia. Requiere arriesgarse. Esperar que llegue el trabajo correcto se convierte en un reto, y la gente podría presionarlo al decir: "acepte cualquier trabajo".

No hay duda que la gran mayoría necesitamos trabajar. Sentarnos a esperar, y sin ganar dinero, raramente nos permite materializar nuestros sueños, pero no necesita definir un trabajo como la profesión de toda su vida. No acepte menos de lo que en realidad espera. Es difícil olvidarse de una paga mensual o de los beneficios, pero al aceptar un trabajo únicamente por esos principios, se conformará con menos de lo que desea.

El salario y los beneficios representan seguridad. Tomar un trabajo con la esperanza de lograr seguridad, refleja el temor al hambre o la pobreza. La necesidad de la seguridad es el temor a que sin ella no podría sobrevivir, por lo tanto, la seguridad se basa en el miedo de no tener lo que necesita. Es el miedo a la escasez, y representa la ilusión de una forma de protección alrededor de su temor de no tener algo, o no tener lo suficiente. Seguridad es el sacrificio que usted hace para evadir la escasez. Si tiene el temor de estar sin algo, quizás acepte un trabajo que no le gusta, y permanezca allí hasta el día de su jubilación.

Deshágase del temor a fallar, del temor a triunfar, o del temor a que no tendrá lo que necesita. Vivimos en una sociedad que refuerza los premios materiales o financieros, y nos dice que tenemos un buen trabajo si ganamos mucho dinero y vivimos en una casa grande. Nuestra sociedad cree que hacer lo que nos gusta requiere de sacrificios, pero usted sacrifica mucho más cuando se conforma con el trabajo que no lo satisface, y que al final destruye sus deseos.

Si tiene que cambiar de trabajo cada dos años antes de encontrar el trabajo ideal, no hay problema. No deje que otros lo hagan sentir avergonzado por ir en busca del trabajo que lo satisfaga. En cada trabajo que tiene, aprende cosas nuevas y adquiere más conocimiento. Es correcto moverse y cambiar trabajos para mejorar su vida, y no deje que sentimientos de escasez o temor se interpongan en su camino. Una paga mensual muy rara vez determinará su nivel de satisfacción y alegría. Tenga paciencia para descubrir el trabajo de su vida, la clase de trabajo que lo beneficia y lo que fue destinado a hacer. Escoja el trabajo de acuerdo a sus intereses y deseos.

¿Qué me gustaría hacer?

Experimente la excitante emoción que se deriva de la visualización. Visualice todos sus deseos, incluyendo su trabajo. Preste atención a sus sueños y haga todo lo necesario para hacerlos realidad. Piense, crea y visualice. El apéndice B de esta obra incluye una meditación guiada para descubrir el trabajo ideal de su vida. Visualice para divertirse y para imaginarse su futuro deseado. El uso constante de la visualización le permitirá encaminarse en la ruta correcta para lograr sus metas y deseos.

Ejercicio para lograr sus metas y deseos

Instrucciones: En la tabla de la página siguiente, escriba sus deseos personales y profesionales. Enumérelos en orden específico. Por ejemplo, comprar una casa podría ser una prioridad para usted en este instante, en lugar de regresar a la universidad. Por lo tanto, la meta de comprar una casa debe ser una prioridad superior —por ejemplo, # 1—. Los objetivos son más fáciles de cumplir cuando son divididos en pasos pequeños y concretos.

Sus metas y deseos personales

Lista de prioridades	Metas/deseos	Pasos para completarlos	Fecha de terminación

Sus metas y deseos profesionales

Lista de prioridades	Metas/deseos	Pasos para completarlos	Fecha de terminación

CAPÍTULO SIETE

PROCLAMACIÓN: AFIRMANDO SUS DESEOS

Cuando sueña con su corazón,
ninguna petición es extrema.

—Jiminy Cricket

La mayoría de la gente comienza a hablar desde los dos años de edad. Ahora es necesario que aprenda a hablar una vez más para ser guiado hacia la abundancia. Al entender cómo se comunica, también podrá descubrir los métodos para hacer sus sueños realidad. Las palabras son poderosas y es la forma más efectiva de manifestar los deseos. ¿Qué está diciendo acerca de sus sueños y deseos? Tenga cuidado con lo que dice ya que las palabras siguen al pensamiento. Si piensa negativamente, se arriesgará a pronunciar palabras que están directamente opuestas a sus deseos. Estará más propenso a comunicar lo que no desea que pase, en lugar de lo contrario.

La gran mayoría dice cosas en forma negativa, y usan comúnmente palabras como *no puedo, no lo haré,* o *no,* en forma general. Dicen: "no puedo pagar esa casa", "creo que nunca me casaré", o "no tengo dinero".

¿Tiene idea del impacto que tienen las palabras comúnmente pronunciadas en la realización de sus sueños? Tenga cuidado con lo que dice. Las frases negativas afectarán el futuro deseado, ya sea más tarde, la otra semana, o en los próximos años. Las palabras que pronuncia invitarán a sus sueños a realizarse, o los empujará hacia el abandono. Las palabras negativas se oponen a la atracción de las cosas buenas.

Las frases negativas comunican lo que usted quiere que no suceda. *No conseguiré ese trabajo; no puedo pagar por un nuevo auto.* Pero la verdad es que usted sí quiere ese trabajo, y sí le gustaría poder pagar por un auto nuevo. Entonces, ¿por qué pronunciar en voz alta esas palabras? ¿Por qué está comunicando lo que usted *no quiere* que suceda?

La mayoría de individuos están condicionados a comunicarse de esta manera —a hablar en forma negativa de sus vidas y deseos—. Las palabras de inmediato comunican sus temores. Si usted es como la mayoría, escoge palabras que lo preparan para la decepción, en lugar de usar las que invitan a experimentar. Vivimos en una cultura donde se nos prohíbe "tener buenas esperanzas", y por el contrario, se nos incita a alistarnos para la frustración.

Es posible que usted piense que es más importante prepararse para los malos resultados que invitar a los sueños a realizarse, o peor aún, que la experiencia es más posible que tenga buenos resultados si piensa y dice lo contrario a sus deseos. Las supersticiones todavía juegan un papel en la vida de las personas y en sus creencias sobre el futuro.

La frustración es una emoción común que se siente cuando espera una cosa y sucede otra. Representa la inhabilidad de aceptar lo inesperado. A medida que avanza en su camino hacia la abundancia, estos temores disminuirán. Es difícil sentirse frustrado en medio de una vida de verdadera abundancia. Rechace sus formas actuales de hablar y adopte un tipo de comunicación que lo conduzca a una vida de abundancia.

Apártese de toda comunicación que le impida el desarrollo de sus sueños. Evite la tentación de quejarse. Esta tendencia disminuirá a medida que avanza en su camino. Quejarse acaba con la energía de sus deseos. Las quejas, como la corriente de un río, flotan con una rapidez permanente. Puede empezar el día quejándose, puede quejarse que el agua de la ducha no estaba caliente, que su auto está haciendo un ruido, que hay mucho tráfico en las calles. Puede quejarse del trabajo, de la gente. Es fácil ahogarse en las quejas porque, por desgracia, siempre escogemos quejarnos de algo.

Quejarse es una forma inefectiva de comunicarse, y mantiene sus deseos a raya. Después de todo, ¿de qué se quejaría si sus sueños se realizaran? Quejarse representa tristeza e infelicidad. Reemplace las quejas con el verdadero deseo de sentirse feliz y vivir una vida rica en abundancia. Es un cambio fructífero. Escoja comunicarse efectivamente en lugar de quejarse. Como dice el dicho, "no saca nada con quejarse". Esto es notoriamente cierto en el camino a la abundancia. Quejarse por lo general representa la necesidad de atención, pero la gente lo respetará y lo aceptará mucho más si no se queja.

Hablar o chismosear de los demás, es otra forma común de comunicación que impide la abundancia. Chismosear es una forma de quejarse de otra persona. Es la forma adulta de quejarse que los niños a menudo practican, e incluye hablar a la espalda de alguien, o de una tercera persona, en lugar de tener el coraje de discutir el problema con la fuente del mismo.

¡No chismosee! Enfóquese en lo que usted dice o hace, y no en las acciones de otras personas. Si debe hacerlo, escoja poner atención a las cosas que esas personas están haciendo correctamente. Note lo que la persona hace bien, y comparta con otros lo que ha descubierto. Hable de lo bueno, en lugar de expandir el chisme. Al hacerlo, avanzará en la dirección correcta por el camino hacia la abundancia.

El sarcasmo y el criticismo son otras formas comunes de afectar negativamente la comunicación. El sarcasmo es una manera de llamar la atención dentro del contexto del criticismo. El sarcasmo es el sentido del humor a costa de alguien más. Es por lo general utilizado por aquellos que no se sienten a gusto hablando con otras personas. El comunicador sarcástico es inseguro e intenta ser incluido en algo o ganar aceptación. En la mayoría de los casos, el sarcasmo se torna contraproducente para quien lo practica porque las personas se cansan de ese tipo de comentarios. Después de un tiempo, son difíciles de escuchar, y como resultado, eventualmente se alejan de quienes utilizan el sarcasmo y el criticismo para comunicarse.

A diferencia del sarcástico que podría producir risas con sus comentarios, el comunicador crítico acabará con la energía de quien lo escucha en pocos minutos. Nadie quiere ser criticado. Comentarios de esta naturaleza afectan su confianza y su valor personal. Cuando usted es criticado, es culpado por algo —incluyendo por algo que está más allá de su control—. El criticismo por lo general crea sentimientos de vergüenza: "Te debería dar vergüenza por lo que haz hecho".

Cuando se siente criticado o avergonzado, puede reaccionar de manera defensiva o ignorar por completo sus emociones. Trata de no escuchar los comentarios críticos, pero la crítica continúa su ruta hacia su mente subconsciente. En realidad, es más fácil recordar comentarios criticones, que palabras de agradecimiento o aliento. Sin importar el grado de experiencia, el criticismo hiere, y desafortunadamente hiere por un largo tiempo.

La blasfemia, o el decir malas palabras y groserías, es otra forma de comunicación que interfiere en su camino hacia la abundancia. Si usted dice una palabra grosera, está tratando de comunicar algo, pero de una forma ruda y negativa. Al hablar así está demandando atención. Es la manera en que las personas demandan poder y autoridad, y en sus etapas iniciales, es un intento a lucir como alguien de mente abierta. La grosería representa la necesidad del subconsciente de ser escuchado por otros.

El uso de estas palabras puede ser heredado de los padres. Ellos se sorprenden cuando sus pequeñas e inocentes criaturas las pronuncian, pero como muchas de las cosas en nuestra sociedad, la grosería es un acto que se repite de generación en generación. Si su padre decía malas palabras cuando se sentía con rabia o frustrado, usted también lo hará bajo esas circunstancias. Este comportamiento, a pesar de ser incorrecto o negativo, es rechazado cuando otros miembros de la familia lo practican.

Mucha gente no reconoce que la grosería es una forma de abuso emocional. Si habla groseramente a otra persona, está abusando de ella por medio de esas palabras. Aún más, si habla de esa forma en *frente* de varias personas, está abusando de ellas en conjunto. Si la persona con quien habla también lo hace por medio de esas palabras, el sentido del abuso emocional se sentirá menos impactante.

El uso de groserías o palabras hirientes sabotearán su abundancia. Cuando pronuncia palabras para castigar a otras personas, está interfiriendo en la concretización de sus sueños. Las palabras no deben utilizarse como munición para atacar a alguien, pero sí como herramientas para comunicar efectivamente los pensamientos y sentimientos. Por otro lado, la ausencia de palabras, es comúnmente conocida como "tratamiento silencioso", también afectará sus sueños.

Los métodos inefectivos de comunicación siempre afectarán o demorarán su camino hacia la abundancia y las buenas cosas de la vida. Aquellos que se apoyan en esta forma de comunicación están inadvertidamente mostrando sus inseguridades. Intentan esconder o ignorar sus debilidades. Estos métodos nos informan mucho más de las características de quienes los practican, que de la situación que se está tratando.

Los métodos efectivos de comunicación, por otro lado, incitan a los sueños a realizarse. Las expresiones positivas crean tales resultados. Utilice sólo palabras de contenido positivo y que afirman lo que quiere experimentar y lo que espera alcanzar. Si incluye en su vocabulario palabras que reafirmen y animen sus deseos, éstas lo guiarán en la dirección correcta. La comunicación efectiva incluye el uso de frases claras y concisas: "Tendré una casa en el campo", "estoy en mi camino a tener éxito", "tengo las calificaciones para obtener el ascenso".

Al contrario de la comunicación inefectiva —durante la cual trata de evitar a la persona que está hablando— la comunicación efectiva lo atrae a observar y absorber la energía positiva que emana del comunicador. Esta persona no sólo está transmitiendo valiosa información, pero lo hace de la forma que inspira a su audiencia. Cada pensamiento y palabra es expresado de manera positiva.

La comunicación efectiva es el lenguaje de la abundancia. Observe sus palabras y escoja aquellas positivas y alentadoras. Seleccione palabras que, con entusiasmo, mantienen sus sueños. Diga lo que piensa. Diga lo que espera para usted, lo que cree y lo que en realidad desea: "Construiré una casa". "Tendré una profesión que me traerá buenos beneficios financieros". Pronuncie palabras que transmiten lo que quiere experimentar y desea manifestar en su vida. Al hacerlo, abrirá los canales hacia la abundancia.

¡Proclame sus deseos!

Si desea que sus sueños se realicen, siempre debe hablar de ellos en forma positiva. Proclámelos en voz alta. Algunas personas rechazan hablar de ellos por el temor a ser criticados por otras formas de pensar u opinar. Creen que al mantener los deseos restringidos, protegen sus sueños de la negatividad externa, y de la forma cómo otras personas piensan de sí mismos y de sus habilidades.

Si usted cree en sí mismo, será difícil para otros robar sus sueños. A medida que desarrolla su confianza en sí mismo y en sus sueños, la influencia y opinión externa disminuirá. Le será más fácil estipular sus sueños en voz alta. Permita que el universo los escuche. Tenga el valor de superar su miedo a la desilusión o al ser juzgado, mediante la proclamación de sus sueños. Al hacerlo, comunicará su compromiso de volverlos realidad. No está simplemente *esperando* que se realicen, usted *sabe* que sí se manifestarán.

El universo siempre dice "sí"

El universo siempre responde con un "sí", en especial a lo que es expresado en forma vocal. Por ejemplo, si dice "me van a dar el ascenso", el universo responde con un "sí" y comienza con el proceso de la realización. Si usted dice "no voy a recibir el ascenso", el universo también responde con un "sí". El universo sigue su liderazgo después que usted ha pronunciado palabras. Si dice que va a tener un auto nuevo al final del año, el universo dice "sí", y si dice lo contrario porque no tiene dinero suficiente, también dirá "sí". El universo no distingue las peticiones, sólo responde a ellas. Por eso es importante siempre pronunciar palabras que claramente comuniquen sus deseos. Evite la indecisión.

¿Qué está diciendo?

¿Es lo que en realidad quiere que suceda?

¿Es lo que quiere experimentar?

¿Es lo que espera atraer hacia su vida?

Escoja sus palabras con sabiduría. Exprese lo que en realidad quiere decir. El universo está deseoso de cumplir sus deseos. Hable en términos que definan lo que desea experimentar y lo que quiere que suceda en su vida, de esa forma, el universo puede empezar su misión para que sus sueños se realicen. No confunda al universo. No diga una cosa, pero crea en otra. Diga lo que quiere expresar. La mayoría de la gente habla de todo sin tener consideración en el posible impacto de sus palabras.

Hable con claridad y propósito. Las palabras son intenciones habladas; sepa lo que está diciendo todo el tiempo. Las palabras que escoja son para dirigir sus sueños en la ruta indicada, o para desviarlos y apartarlos de usted. Si nota que está expresando palabras que afectan negativamente sus deseos, puede cambiar el flujo de energía diciendo: "¡cancelo!, ¡cancelo! ¡Aclárelo!", y luego prosiga a proclamar su deseo.

Las palabras son poderosas. No sólo debe decir lo que en realidad intenta, pero también debe creer lo que dice. Si dice que va a hacer algo, es posible que lo haga; esa es una ley silenciosa de la naturaleza.

La verdad es que tememos más a ser juzgados por no hacer lo que decimos que a las consecuencias de llevar a cabo nuestras intensiones. Nos preocupa que la gente piense que estamos mintiendo, o peor aún, que hemos fallado. Por lo tanto, tenemos cuidado con lo que decimos y a quien se lo decimos.

La gente teme que sus deseos no se realizarán si los comparten con alguien. Nadie quiere sentirse avergonzado si más tarde tiene que admitir que no se hicieron realidad. Avance en su camino a la abundancia dándole importancia a sus sueños. Diga lo que en realidad piensa, y piense lo que diga. En otras palabras, siga sus sueños sin importar a dónde lo lleven.

Las palabras impactan sus vidas y sus sueños, y se alojan en una esquina de su corazón por un rato donde las puede visitar una y otra vez. Recordamos las palabras que en particular son dolorosas o vergonzosas. Tenga consideración con sus palabras y de los propósitos que desea que quieran cumplir. Permita que lo ayuden, en lugar que lo limite en su camino por la vida.

Hable con gentileza y compasión. Hable con sabiduría y conocimiento. Hable desde su corazón y no desde su cabeza. Pronuncie palabras que claramente comunican sus deseos. Hable con autoridad y en la forma que le permita al universo saber que usted está comprometido con sus sueños. Comunique al universo que usted se merece sus sueños, éstos están allí, y el universo lo está escuchando.

¡Cuide sus palabras!

CAPÍTULO OCHO

LA CONFIANZA: LO ACERCA MÁS A SUS DESEOS

Dios es el que me revitió de fortaleza
y allanó perfectamente mi camino.

—II Samuel 22:33

La confianza representa una invitación abierta, pero no declarada, a sus sueños para que se conviertan en realidad. También les da el permiso para que se realicen como usted lo ha solicitado. La confianza lo autoriza a encaminarse en la dirección de sus sueños.

La confianza es una emoción muy difícil de sentir. Usted puede afirmar que es una persona con confianza, pero, ¿lo es en realidad? La confianza es más que un sentimiento; es una forma determinada de responder a situaciones o circunstancias. Así como la tristeza puede ser demostrada por medio de las lágrimas, la confianza existe cuando se relaja a descansar y ver qué ocurre. La confianza es lo opuesto al miedo.

El temor es una respuesta automática a la mayoría de situaciones y experiencias. Imagínese que su refrigerador se ha averiado y ha reaccionado con miedo porque arreglarlo costará mucho dinero. Su miedo aumenta al pensar que el gasto del refrigerador es sólo el comienzo de algo peor. Otro aparato de la cocina podría dañarse. Como sucede con la mayoría de las personas, sus pensamientos negativos comienzan a apoderarse de usted y a expandir el miedo. El miedo es la reacción inmediata a una situación para la cual no estaba preparado, o no notó que se acercaba. La gente temerosa reacciona con miedo a lo desconocido o incierto.

El miedo es un sentimiento que la mayoría conoce muy bien, pero escogen esconderlo porque, después de todo, no es socialmente aceptado. La sociedad define el miedo como una debilidad que debe ser evitada. El miedo está asociado con perder control: si no sabe qué sucederá, puede reaccionar atemorizado. La verdad es que nadie sabe con certeza qué sucederá, pero piensan que sí lo saben.

La vida está llena de sorpresas inesperadas

Usted podría ganarse la lotería esta noche y su vida tomaría otro curso, pero también podría romperse una pierna y mañana sería completamente diferente de lo que se ha imaginado. La vida está llena de sorpresas inesperadas. ¿Es necesario sentir miedo todo el tiempo? El miedo tiene un gran poder, y ha derrumbado naciones por completo.

El miedo es un sentimiento normal como cualquier otro. Es importante entender sus temores para poder superarlos. El miedo no desaparece simplemente porque usted lo ignora.

El miedo es el principal culpable y responsable por sus problemas relacionados con la vida y la abundancia. Produce dificultades e inconvenientes, lo desvía y previene de continuar avanzando, y limita que sus deseos se cristalicen materialmente. El miedo, o esa forma desagradable de sentir o experimentar, detendrán la abundancia en su vida.

Imagínese que está manejando a lo largo del camino de la vida, cuando frena de repente. Su temor le comunica al universo —la fuente de su abundancia— que se detenga. El temor para de inmediato el proceso de manifestar la abundancia. El universo no quiere brindarle algo que usted teme; él quiere traerle algo que usted desea. Por tal razón, el miedo afecta negativamente la creación de sus sueños y su añorada abundancia. El miedo por lo general habita al nivel del subconsciente, y a menudo usted no sabe a qué le teme hasta que aparece. Examine sus sentimientos de temor.

¿A qué le tengo miedo?

El miedo se para frente a usted, como un muchacho mandón, para intimidarlo y evitar que avance en su camino. Usted se detiene, se queda donde está, y culpa al obstáculo en frente suyo: *No puedo ir a vivir a la Florida porque mi hermano se enojará si lo hago.* Usted cree que la opinión de su hermano —el obstáculo— le está impidiendo mudarse a la Florida, pero su propio miedo lo está deteniendo. El temor se encuentra detrás de su consideración por los sentimientos de su hermano. En otras palabras, usted duda de sí mismo y de su decisión, y además está influenciado por las emociones y sentimientos de alguien más.

El miedo lo detiene. No culpe al obstáculo e identifique el miedo relacionado con sus deseos. Si quiere ingresar a la universidad, ¿qué se lo impide? ¿Tiene miedo porque no podrá hacerlo?, ¿tiene miedo porque perderá?, ¿teme que no completará los estudios o que no encontrará un trabajo afín?

El miedo contamina sus pensamientos y sueños. El miedo quiere saber qué sucederá antes de que algo ocurra. El miedo anticipado es el que precede a una experiencia negativa. Cuando teme que algo malo va a suceder, se prepara emocionalmente para el peor resultado, y luego siente alivio cuando se da cuenta que la situación no era tan mala como lo había pensado al principio —influenciado por el miedo—. El miedo anticipado, como cualquier clase de miedo, afecta su habilidad de atraer la abundancia, y acaba con su energía mucho antes que algo suceda. Aléjese se sus temores, y en su lugar, acepte la confianza. La confianza crea las condiciones ideales para que sus sueños se realicen.

La fonfianza es lo opuesto al miedo. Podemos confiar cuando no sabemos qué más hacer. La confianza se siente como si por fin estuviéramos aceptando: *Lo acepto. No sé que más hacer.*

La confianza se convierte en la decisión lógica. Es aceptar sin rendirse. Es una intención verbal mediante la cual usted transfiere un problema o una situación difícil a Dios o al universo. La confianza le permite observar y responder en lugar de simplemente reaccionar. Usted responde con confianza o reacciona con miedo. El miedo es desagradable, y querrá con rapidez aliviar esa sensación. Si es como la mayoría de la gente, reaccionará con la intención de recobrar el control de una situación problemática. Grita a alguien en la oficina de préstamos de la universidad por el temor a que le nieguen ayuda monetaria; o dice cosas hirientes a su ser amado porque sale a disfrutar de un descanso el fin de semana con sus amistades.

La confianza actúa y se siente diferente en comparación con el miedo. La confianza es pasiva; no causa vergüenza o es acusatoria. La confianza le permite aceptar y dejar ir las cosas con rapidez. Las situaciones y circunstancias difíciles se alejan con mayor facilidad. No se aferra a un comentario hiriente por días, meses o años. La confianza perdona y avanza con facilidad. Lo *motiva*, mientras que el miedo lo *desanima*. Construye relaciones, mientras que el miedo las destruye. La confianza construye abundancia; el miedo la rechaza.

La confianza es una respuesta pasiva. Da la ilusión de no estar haciendo nada, pero en realidad está haciendo algo: ha elegido confiar. Es sentarse a descansar y esperar a ver qué sucederá. La confianza va un paso más allá de la relajación. La confianza cree aún si no puede ver la evidencia. Cree que algo bueno va a suceder antes de que algo bueno en realidad suceda.

La confianza sabe que las sorpresas son agradables; sabe que cualquier cosa que necesite, o lo que es mejor para usted, sucederá. La confianza cree sin observar. Le enseña a "dejar que las cosas pasen", en lugar de "hacer que las cosas pasen". En algunos momentos no puede hacer otra cosa que confiar, y por tal razón, puede ser difícil alcanzarla. Cuando está experimentando vulnerabilidad, o el miedo, a menudo siente la presión para hacer algo —cualquier cosa—. La confianza le enseña la importancia de aceptar cualquier resultado o definición. Le enseña a alejarse de las expectativas y a aceptar cada experiencia por lo que es, y por lo que ofrece.

Aprenda a confiar que cualquier cosa que está sucediendo, o que va a suceder, será buena. La confianza es reconocer que lo que pasa es exactamente lo que debe pasar. También significa anticipar lo bueno en lugar de lo negativo. Es una profunda creencia —sin tener conocimiento— que todo es perfecto. No sabe qué va a suceder, y aún así, confía que todo está bien. Puede escoger confiar que una situación o experiencia será exitosa, que las cosas funcionarán. La confianza lo prueba todos los días por medio de las diferentes experiencias en la vida —un examen, una cita médica, una relación amorosa, un contratiempo en el trabajo—. Estas experiencias representan oportunidades para reaccionar con miedo o responder con confianza. Siempre tendrá la oportunidad de desarrollar la confianza con la gente, en las situaciones diarias, y en usted mismo. Elija confiar en lugar de temer.

Confiar parece muy simple, pero con frecuencia es difícil de lograr. Es fácil confiar si piensa que sabe qué sucederá, pero saber que sucederá no es lo mismo que confiar. Es el miedo disfrazado de confianza. Es también la naturaleza humana. Los humanos son criaturas temerosas, pero si escoge confiar, puede sentirse a gusto a pesar de no saber qué sucederá.

Temor   →   Reacción
Confianza →   Respuesta

La reacción al miedo es sorpresiva y automática. La respuesta a la confianza es paciente y consciente. La confianza permite que los eventos y experiencias evolucionen y se desarrollen, mientras que el miedo es como frenar de repente.

La confianza se basa en la espiritualidad

La confianza es una experiencia espiritual, física y emocional. Aquellos con una espiritualidad definida y la creencia en un ser superior, están más dispuestos a confiar que quienes no la tienen. La espiritualidad provee los cimientos para lograr la confianza.

Esto no significa que aquéllos, sin una creencia espiritual definida, no tienen acceso a la abundancia; ellos sólo la experimentan en forma diferente. Su camino es distinto y con frecuencia encuentran más retos. Su énfasis en lo físico para crear abundancia es muy notorio. Las largas horas de trabajo afectan sus amistades y allegados, y a menudo interfieren con los planes familiares debido a la necesidad de ganar más dinero. Quizás compren boletos de lotería con la esperanza de crear un estilo de vida donde el trabajo no sea tan arduo. El anhelo por el dinero y prestigio afecta el ambiente familiar. Por tales razones, muchos sin una espiritualidad definida, prefieren abandonar una vida de abundancia. Asocian la abundancia con el sacrificio, y no desean abandonar sus familias a cambio de un mejor estilo de vida. Desean ambos, tiempo y dinero, y buscan alternativas para ganar más dinero y así tener más tiempo.

La abundancia es fácil de alcanzar por medio de la espiritualidad, y a su vez, juega un papel muy importante en su manifestación. La espiritualidad es la base de la confianza que requiere la abundancia. Es un regalo del universo, y no se logra mediante sacrificios. Se alcanza simplemente al estar vivos y conectados con la fuente espiritual de la abundancia. La abundancia es su derecho de nacimiento.

La confianza invita a la abundancia

Quienes confían en la presencia espiritual, tienen una mejor disposición para alcanzar la abundancia, porque ponen en práctica la confianza en sus experiencias diarias.

La confianza: lo acerca más a sus deseos

La confianza significa saber que se encuentra en buenas manos. Si puede confiar en que una entidad superior lo está cuidando, podrá avanzar con más seguridad. La espiritualidad le permite experimentar la vida desde la perspectiva de que alguien está a cargo de usted. Es creer que está siendo gentilmente guiado a través de la vida.

La espiritualidad proporciona la seguridad y tranquilidad como nadie más puede hacerlo. La espiritualidad lo llena con algo indescriptible y total. Sin espiritualidad, la gente experimenta vacío y soledad, como si algo les faltara en sus vidas.

En el esfuerzo para compensar el vacío creado, muchos buscan satisfacción en las posesiones materiales, ascensos en el trabajo, o en las relaciones personales. Siempre se encuentran en un viaje eterno: más dinero, más metas, y más posesiones materiales. Tan pronto como logran o adquieren algo, de inmediato buscan algo más que adquirir o lograr. Se ven cansados, quizás cambiando trabajos o relaciones con rapidez para luego encontrar que todavía se sienten infelices. Tales personas raramente se sienten satisfechas, y desesperadamente buscan llenarse a sí mismos con algo externo que compense lo que les falta en su interior. Como un principiante a la abundancia, puede evitar tomar este camino.

La espiritualidad llena los vacíos internos. Nos llena de la forma en que los bienes materiales nunca podrán hacerlo. Usted no necesita más posesiones; necesita conexión espiritual. Aquellos que tienen una relación espiritual y poseen poco en el sentido material, se sienten felices y satisfechos. Quienes por el contrario poseen riqueza material y abundancia sin una relación espiritual definida, a menudo se sienten desconectados e insatisfechos. A pesar de haber alcanzado el éxito financiero, sienten como si algo les faltara. La conexión espiritual lo llena física, emocional y espiritualmente. La espiritualidad le permite sentirse satisfecho.

Muchos crecen rodeados de espiritualidad. No sólo heredaron el nombre de sus familias, pero también un entendimiento espiritual. Crecieron con el conocimiento que la vida es más que la parte física; más de lo que podemos ver o tocar.

La espiritualidad va más allá de las limitaciones físicas, donde usted cree que algunas cosas son posibles. La espiritualidad es la aceptación que la vida existe en una escala superior. La espiritualidad proporciona una visión más amplia y detallada de una situación, como se explicó anteriormente con la historia del ratón y el laberinto.

La espiritualidad nos permite observar más. Podemos ver y experimentar la vida a través de una visión más grande y entendible. La espiritualidad reconoce que hay una fuerza de esa naturaleza en todas las cosas que deseamos y esperamos alcanzar. La espiritualidad alumbra nuestro camino, minimiza la angustia, y hace mucho más fácil nuestras vidas.

La espiritualidad le ayudará a lograr abundancia sin derramar lágrimas innecesarias. Déle cabida en su vida a la guía y presencia espiritual, sin importar de qué manera la define. Explore diferentes creencias espirituales e identifique aquellos que llaman más su atención. Encuentre aquellos que dan la bienvenida a su alma; no importa en qué cree con tal de que lo crea. La espiritualidad le enseña cómo confiar, y la confianza invita a sus sueños a hacerse realidad.

Es correcto iniciar su camino a la abundancia, y avanzar en el proceso, descubriendo cosas nuevas sobre usted, sus creencias, y su vida. La espiritualidad es parte de ese viaje. Confíe que su camino lo llevará hacia un mayor entendimiento espiritual. La espiritualidad es gratamente aceptada sólo cuando está listo para experimentarla.

La espiritualidad lo beneficia cuando es cultivada gradualmente, en lugar que se le imponga u obligue a creer en algo que en realidad no cree. Al ser impuesta, creará resistencia ya que quienes se sienten empujados a adoptarla, se rebelarán en su contra. Ellos asociarán la espiritualidad con algo desagradable en lugar de lo contrario. Cualquier cosa que causa ese sentimiento es difícil que sea repetido. Déle tiempo y espacio para que su espiritualidad se materialice de una forma agradable y placentera. Tenga paciencia. Participe en actividades que promuevan la aceptación espiritual. Repita aquéllas que lo hacen sentir confortable y con bienestar.

La espiritualidad es suplementada con la ayuda de las personas. Los individuos representan los componentes físicos de la conexión espiritual. Aquellos a quienes conoce bajo ese contexto, juegan un papel muy importante al crear una atmósfera espiritual. La "gente religiosa" es catalogada con frecuencia como jueces y críticos de otros; una percepción que crea barreras entre los que practican o no una religión.

El temor a ser juzgado es la razón principal por la cual la gente no se adhiere o desarrolla una práctica religiosa. Juzgar significa temor, y cierra las puertas especialmente en situaciones donde se predica el amor y la aceptación. Busque aquellos grupos espirituales que le dan la bienvenida y lo aceptan en forma incondicional.

La confianza es la forma más benéfica de vivir. Le ayuda a sentirse calmado y relajado sin importar lo que está sucediendo. La confianza lo invita a aceptar las cosas como son, así como a las situaciones y a las personas. La vida es como es. Permita que la vida se desenvuelva sin preconcebir nociones o expectativas. Confíe en que lo que va a suceder; es en realidad lo que sucederá.

La confianza requiere de espera. Si las cosas son visibles y están en movimiento, sentirá que algo está sucediendo. La abundancia se desarrolla en una esfera invisible; no puede verla. Por esa razón, requiere que espere y confíe.

La necesidad de esperar es una razón por la cual la gente abandona el camino a la abundancia. No están dispuestos a esperar, se cansan, y se tornan impacientes. Utilizan tarjetas de crédito para comprar cosas cuando no tienen el dinero para pagarlas. Quieren las cosas ahora, y piensan que luego pagarán.

Nuestra sociedad está construida bajo la premisa que los deseos pueden ser satisfechos rápidamente. Hemos perdido la habilidad para esperar y ser pacientes. Compramos boletos de vuelo en la Internet para evitar esperar a que alguien nos confirme si hay disponibilidad. Hacemos todas las cosas lo más rápido y fácilmente posibles, y cada vez que somos obligados a esperar, nos disgustamos y frustramos.

Esperar es esencial para manifestar sus sueños

Confíe en que sus sueños se están construyendo. La abundancia empieza en lo invisible, y pasa la mayoría del tiempo en lo invisible. Es allí donde sus sueños se están formando y desarrollando —como un bebé en la matriz materna—. Los sueños tienen su propio proceso de nacimiento. Cuando se realizan materialmente, ya han completado su proceso. Confíe en que sus sueños están avanzando a través de lo invisible, y anticipe su llegada final. Acepte el hecho de no ver. Eso no significa que los sueños no se están manifestando; simplemente no han salido a la superficie. Tenga paciencia. La habilidad para esperar es la habilidad para confiar. Confiar a medida que espera, es parte necesaria para la realización de los sueños.

Tenemos muchas oportunidades para confiar en el curso del día. Desarrolle su habilidad para confiar por medio de las pequeñas experiencias diarias. No espere a que algo grande suceda para ejercitar su confianza. Confíe en que llegará a tiempo. Confíe que tiene suficientes estampillas para enviar esa carta importante. Confíe en que el banco está abierto. Confíe en que está en buenas manos y que todo está bien. Confíe en que sus necesidades serán cumplidas.

Confíe en la vida. Confíe en que todo sucede en la vida por una razón. Acepte que su vida está siendo guiada. Tenga paciencia a medida que sus sueños se mueven de lo invisible a lo visible. Sus sueños están en camino. Avance con determinación en su camino a la abundancia.

CAPÍTULO NUEVE

GENEROSIDAD Y ABUNDANCIA: LA RELACIÓN ENTRE DAR Y RECIBIR

Unos reparten sus propios bienes y se hacen más ricos;
otros roban lo ajeno y están siempre en miseria.

—PROVERBIOS 11:24

La gente buena es generosa. La gente generosa es buena. Todos queremos ser buenas personas, sin importar la forma como definamos "bueno". Percibimos a la gente y a nosotros mismos como "buenos" basados en varios criterios.

La generosidad es altamente apreciada en la cultura occidental. Implica que la persona tiene un gran corazón, es respetuosa y considerada con los demás. La gran mayoría comparte generosamente para ayudar a otros. Una persona generosa es atenta y comparte desde su corazón como desde su bolsillo.

¿Cuáles son sus opiniones con respecto a las personas generosas? Quizás asuma que tienen mucho dinero y por lo tanto tienen de sobra para compartir. Podría decirse a sí mismo que si tuviera suficiente dinero, también lo compartiría.

Este tipo de pensamiento es una forma común de juzgar a otros. La gente juzga al prójimo a partir de sus propias inseguridades. Quizás juzgue a la gente generosa por tener los recursos que usted no tiene. Si ése es el caso, puede pensar que si ganara la lotería, daría generosamente a la gente u organizaciones. Todos queremos ser generosos, y más importante aún, queremos tener el dinero para dar. La mayoría pensamos que nos gustaría tener suficiente dinero para dar y beneficiar a alguien en forma generosa. Queremos dar para crear un cambio.

Dar no está determinado por su riqueza monetaria

Podría juzgar la generosidad como la habilidad de dar sin caer en problemas o dificultades. Tal vez crea que la gente generosa tiene mucho dinero, y que sólo están esperando para gastarlo en algo. Puede creer que la gente rica tiene la capacidad de dar generosamente porque tienen los recursos para hacerlo, y que no los afectará en sus finanzas porque tienen dinero de sobra. Aun podría pensar que esa gente debería regalar su dinero.

Vivimos en una sociedad que cree enfáticamente que usted debe tener para poder dar; que la habilidad para dar sigue a la generosidad. Nuestro medio nos dice que debemos primero dar antes de pensar que somos generosos.

Piense en lo que ya ha dado a los demás. Ha dado su tiempo ayudando a una institución de caridad. Le ha ofrecido a sus colegas sugerencias de cómo crear información para atraer más clientes, o ha ofrecido sus ideas de cómo crear una biblioteca en su barrio. Ha dado palabras de ánimo y apoyo a sus amigos y familia. También da regalos en algunas celebraciones.

¿Por qué escoge dar?

¿Usted da como una expresión de amor o aprecio? ¿Da con la intención de mostrar a los demás que los quiere y ama? Éstas son buenas razones para dar, pero no son las más comunes del por qué comparten las personas. Todos queremos dar por las razones correctas, pero hay quienes lo hacen en forma equivocada. Queremos dar en forma incondicional, sin nada a cambio, o sin tener una razón, pero es más común dar en forma condicional, con expectativas y razones.

Algunas veces la gente da por razones conscientes. Quizás dan porque las hace sentir bien, pero hay otras razones para hacerlo.

Muchos dan porque se sienten obligados a hacerlo. Quizás es el tiempo establecido para dar, como una fiesta o un cumpleaños. Dan porque tienen que dar. También hay momentos en que otros esperan que usted dé, y sin duda, ha dado a otros cuando en realidad no quiere hacerlo.

Aun si no tiene los medios financieros, todavía puede dar. Quizás dé por temor a lo que otros pensarán si no da. Puede dar para hacer sentir bien a alguien. Da tarjetas de buenos deseos y bienestar a aquellos que están enfermos o están pasando por un mal momento. Da flores en aniversarios o en otras ocasiones especiales. Podría dar a caridades u organizaciones para ayudar a su causa y a los servicios que prestan. También da porque otros le han dado.

Puede dar cuando se siente culpable o avergonzado. Si ése es el caso, se esfuerza para dar, para sentirse que vale la pena y que es aceptado. Quizás da cuando no sabe qué más hacer por otra persona, o para sentirse valorado y apreciado. Da para consolar y reconfortar.

Puede dar por razones inconscientes, como para sentirse mejor consigo mismo. Más aún, podría dar a otros con la intención de que lo acepten. Queremos gustarle a todos, y quizás le compra algo a alguien, o les hace un favor con esas intenciones. Podría invertir su tiempo, dinero y energía para lograr que usted le guste a la gente.

Dar algo bajo una condición es la forma más común de dar. Es a menudo acompañado por el sentimiento de obligación. Dar en forma condicional implica dar porque tiene que hacerlo, aún si se ha convencido a sí mismo que quiere dar, y que es la acción correcta:

Doy porque tengo que dar.
Mi tía Bertha me envió una tarjeta de cumpleaños.
Ella se enojará si no le envío una en su cumpleaños.

Dar en forma condicional es asociado con la falta de auto-estima. Quienes dan de esta forma, se sienten obligados hacia alguien más debido a su propia inestabilidad. Dan a otros para evitar sentirse mal consigo mismos, y con el esfuerzo de sentirse mejor. No desean sentirse culpables o avergonzados si no dan a otros, y temen ser juzgados como egoístas o tacaños. Dar condicionalmente es un método para evitar sentimientos negativos dirigidos a uno mismo, pero por lo general no funciona.

Dar en forma condicional crea resentimiento y al final rechaza la obligación de dar a otros. Comienza a sentir como si estuviera dando todo el tiempo, y que rara vez recibe algo en retorno. Se pregunta cuándo será compensado en una forma similar. Construye paredes de resentimiento que lo obligan a dar en contra de su voluntad, o no dar más. Dar es una parte integral de usted y de la abundancia.

Considere cómo se siente cuando debe pagar sus cuentas mensuales. La gran mayoría se resiente al pagar las cuentas, o dar el dinero a otra gente. Sienten como si se les estuviera robando el dinero y las cosas que desean. Asocian el hecho de pagar las cuentas con negárseles sus necesidades.

Piense en lo siguiente: cuando usted paga cuentas, significa que está comprando cosas y servicios deseados. Sus cuentas son una evidencia física de lo que usted tiene, no de lo que se le está negando. Las cuentas están asociadas con varias cosas que usted quiere, incluyendo una casa, un auto, y una educación. También paga cuentas para poder calentar y alumbrar su casa. Tener esas cosas en su vida es agradable, no lo contrario. Por lo tanto, pagar por tales cosas es algo bueno, aunque mucha gente percibe equivocadamente lo contrario.

Las cuentas son parte necesaria de la vida

Evite luchar con su dinero o con las cuentas mensuales. Éstas representan el pago por las cosas que ha adquirido. Puede elegir tener pocas o muchas cuentas, pero siempre las tendrá.

Usted rechaza las cuentas cuando teme no poder pagarlas. Estas fuerzas que generan miedo lo obligan a cuidar de su dinero, a ser ahorrativo y aún tacaño. Al final, no quiere deshacerse de su dinero por el miedo a que si lo hace, se quedará sin lo suficiente.

El miedo incita a preservar el dinero. Quizás tema dar a otros porque cree que sólo hay una cantidad limitada de dinero en circulación. Por lo tanto, cuando lo gasta, teme que se acabará. Note cómo el miedo interfiere en su abundancia. Aunque preservar el dinero le permitirá tener dinero después, lo limita de experimentar una vida de abundancia. Está forzado a vivir con temor; el temor de no tener dinero suficiente. Ahora tiene miedo de perderlo, o que otros se lo quiten.

Mucha gente regala su dinero en forma inconsciente porque no se sienten a gusto con tenerlo o administrarlo.

No dudan en regalarlo, pero luego se preguntan porqué no tienen dinero en sus billeteras, ¡es como si tuvieran sus bolsillos rotos! Tienen dificultad de mantener el dinero en su posesión, y si lo tienen, lo gastan rápido. Es fácil perder el concepto del dinero cuando se está gastando de manera inconsciente.

Mike pensó que tenía treinta dólares, pero ahora sólo tiene quince. ¿A dónde se fueron los otros quince dólares? Si la situación de Mike es como la suya, usted no es el único. Mucha gente cree que pierde el dinero, o que no lo encuentra, pero en realidad lo gastan inconscientemente. Podría ir a un almacén y gastar veinticinco dólares en cosas que no estaba planeando comprar, y sale del almacén tratando de entender qué fue lo que compró con ese dinero. Después de todo, sólo quería comprar un champú que costaba tres dólares y unos centavos. ¿Qué pasó? ¿A dónde se fue el dinero?

Comprar en forma impulsiva es una manera común de desperdiciar el dinero. Entrar a un almacén y encontrar cosas en oferta es como una gran aventura, actúa como si nunca más fuera a ver esas cosas otra vez, y se convence que debe comprarlas en ese instante. No importa si no las necesita, sólo quiere comprarlas ahora. Cree que eventualmente las necesitará, y que debe guardarlas y tenerlas a la mano para cuando llegue el momento. Comprar algo ahora es una acción impulsiva: es gastar dinero que no planeaba gastar en algo que en la actualidad no necesita. Las tarjetas de crédito proveen una forma fácil de comprar en forma impulsiva. No necesita tener dinero en efectivo a la mano, para eso tiene su tarjeta de crédito.

Gastar es una forma de dar o entregar su dinero a cambio de un artículo específico. Cuando gasta dinero inconscientemente, no duda en pensar que alguien lo ha tomado, en lugar que usted lo ha gastado. Usted da dinero cuando gasta en algo. Tenga claro lo que significa la forma consciente de dar, e inconsciente de gastar. El gasto inconsciente es otra forma de reaccionar debido al miedo. Usted gasta de esta forma porque teme no tener algo cuando lo necesita, y así justifica su deseo de comprarlo en ése instante.

A medida que supera el miedo, dará de manera incondicional, en lugar de condicional. Ya no existirá un motivo —inconsciente— para dar. Dar bajo esta premisa significa dar sin condiciones, sin esperar nada a cambio, es dar sin expectativas. Es dar con amor y con deseo sincero. Escoja dar desde su corazón. Dar porque se siente agradecido y satisfecho con lo que tiene, y le parece maravilloso compartir su bienestar con los demás.

Dar incondicionalmente atrae la abundancia

La abundancia es una energía espiritual que se mueve en un patrón circular. Lo que hoy experimentamos, quizás ya lo hemos experimentado, y es posible que lo volvamos a experimentar. Lo mismo sucede con la abundancia. La gran mayoría ha tenido momentos de abundancia, así como de escasez. La prosperidad puede aparecer y desaparecer de la vida de una persona.

La vida consiste de períodos de gran abundancia o de mucha escasez, pero la verdad es que estas dos formas de vida son sencillamente percepciones. Dependiendo de sus percepciones y sentimientos, puede tener diez dólares en su bolsillo y sentirse rico o pobre. Siguen siendo los mismos diez dólares, pero su percepción cambia según las circunstancias y emociones. Diez dólares es una suma de dinero, y no cambia. Sólo cambia su percepción del dinero. La percepción no es nada más que la forma en que juzga una situación según sus experiencias y emociones pasadas. Las percepciones se basan en el miedo, ya sea en la presencia o ausencia del mismo. Por lo tanto, puede percibir los diez dólares como *apenas lo suficiente* o como *una gran cantidad*.

La vida está construida en gran parte por la percepción, la cual es basada en experiencias pasadas, circundándonos en otras formas. La vida es circular, lo cual es demostrado por medio de las estaciones del año. El invierno se torna en primavera; la primavera en verano; el verano en otoño, y éste vuelve a transformarse en invierno. El árbol de roble pierde sus hojas durante el invierno, y vuelve a la vida en la primavera. Durante el verano, el árbol provee sombra con sus hojas y ramas, y durante el otoño pierde sus hojas en preparación para el invierno una vez más.

La vida es igual. Hay momentos que traen nuevos comienzos, y otros la muerte y el final. La Luna también se mueve en fases de crecimiento y finalización, una y otra vez. La mayoría de las cosas en la vida progresan desde un comienzo hasta su final, y regresan al comienzo de nuevo.

La abundancia regresa de la misma forma en que los retoños de un árbol retornan cada primavera.

Con seguridad piensa en lo más profundo de su ser que todo en la vida da vueltas, pero habrán momentos que lo pone en duda. El miedo puede apoderarse de usted y convencerlo que todo en la vida es de carácter lineal, con un comienzo definido y un final permanente. Recuerde que la vida es circular, y que las cosas tienden a regresar otra vez.

Las cosas en la vida, incluyendo las finanzas, fluctúan una y otra vez

El dar también es de carácter cíclico. Algunas fiestas y celebraciones son ocasiones en que damos a quienes nos dan, o cuando hacemos favores a la gente que amablemente nos hicieron favores en el pasado.

Dar y recibir han ido juntos de la mano por mucho tiempo; quizás ésa es la razón por la cual los humanos fueron creados con dos manos: una para dar y la otra para recibir. Algunos prefieren dar que recibir, y se sienten avergonzados cuando alguien les da algo y no tienen nada para dar en retribución. Rechazan los halagos a su apariencia personal, y piden que no les sea obsequiado regalos o dinero. Dicen cosas como: "no debiste hacerlo", o "me hubiera gustado que no me hubieras dado esto". Estas personas se niegan a recibir.

Los sentimientos de vergüenza e inferioridad afectan la habilidad de manifestar la abundancia. Podemos sentirnos que no valemos la pena, y por lo tanto no nos merecemos recibir. En el apéndice A encontrará la oportunidad de explorar sus sentimientos de inferioridad.

Si cree que usted no vale la pena, o que es inferior, se robará a sí mismo la oportunidad de tener cosas buenas en su vida. Para aumentar su autoestima, aprenda a recibir sin rechazar. Reciba con gratitud en lugar de hacerlo con incomodidad o vergüenza. Aprenda a apreciarse a sí mismo de la misma forma como otros lo aprecian a usted y lo demuestran cuando le dan algo. Usted se merece recibir, y cuando lo haga, simplemente diga gracias. La abundancia es su derecho de nacimiento, y se merece todo lo bueno en la vida. Avance y reciba lo mejor de este mundo.

Dar y recibir es igualmente importante en el camino a la abundancia. Establezca el balance en su habilidad para dar y recibir. Dé sin resentimiento, reciba sin rechazo. El rechazo impedirá que se manifiesten sus sueños cuando intentan hacerse realidad. Como resultado, podría parecer como si la abundancia se está haciendo presente, sólo para ser demorada por un período indefinido de tiempo. Si siente que sus deseos están bloqueados, trabaje en su habilidad para dar y recibir, y de esta forma permitirá que la abundancia entre en su vida por un camino abierto y definido.

La abundancia significa que siempre habrá más que suficiente, y requiere de una perspectiva ilimitada de las cosas. Abandone su pensamiento limitado de "no es suficiente", y adopte creencias como "es suficiente" y "tengo a plenitud". En verdad, usted siempre tiene suficiente, pero no siempre piensa que es así. Reconozca y aprecie cuando tiene suficiente.

El dinero que da con agrado y gratitud regresará a usted

El dinero que mantiene escondido y es dado sin buena voluntad, es más difícil que regrese a usted. El dinero fue creado para ser dado con libertad, y es parte del libre espíritu que rodea todo en la vida. Cuando decida dar dinero, hágalo en forma libre e incondicional. Agradezca por los servicios o por el objeto que representa cada una de sus cuentas. Diga: "gracias por mi casa" cada vez que escriba un cheque para pagar su cuota mensual. Dé gracias por los pagos de su auto. Deje que el dinero salga de sus manos con amor y gratitud.

Dé de tal forma que invite a la abundancia

Dé con libertad. Imagínese qué sucedería si el viento se llevara su dinero de repente. ¿Cómo se sentiría? ¿Le daría miedo, y reaccionaría con pánico, corriendo detrás de su dinero? O sólo diría: "¡No puedo creer que esto esté sucediendo! ¿Está el dinero huyendo de sus manos, o lo está regalando libremente? ¿Pediría ayuda? ¿Le daría vergüenza porque su dinero está volando? ¿Se sentiría sin control y aceptaría la situación junto con la pérdida financiera?

Éste es un ejemplo extremo de dar dinero libremente, pero es importante reconocer que el dinero pasa por nuestras manos como si estuviera volando por las nubes. En un instante lo tenemos, y un minuto después se ha ido. Lo hemos dado. Aunque la gente da dinero, hay menos posibilidad que lo dé libremente. Dar dinero de esta forma es acompañado por gratitud, no por miedo. Dar dinero libremente significa que apreciamos la oportunidad de hacerlo.

Dé con honestidad. Dé lo que es correcto. Si se espera que pague por algo, hágalo. Ofrezca la propina adecuada a quien lo atiende en un restaurante. Pague a quien le presta dinero; después de todo, pidió el dinero prestado cuando lo necesitaba con la condición de devolverlo. Alguien fue amable al prestarle el dinero. Páguelo con el mismo amor y gratitud que sintió cuando lo recibió.

Sea honesto al dar. No discuta sobre el dinero. No haga trueques o discuta para disminuir el valor de las cosas. Escoja comprar o no comprar, pero no espere que otros rebajen sus precios. Pague por las cosas honestamente. Si debe dinero a un prestamista o banco, sea responsable en sus pagos. Si tiene dificultad para pagar, informe que hará los pagos lo más pronto posible.

Sea responsable. No ignore sus deudas con la esperanza que desaparecerán. Usted ha creado su deuda, por lo tanto, páguela con honestidad. Dé con honestidad, ya sea una pequeña suma para el boleto de entrada a un espectáculo, o una suma más grande como el préstamo de su auto.

Los pagos son una forma de dar. Su empleador le paga un salario a cambio de su trabajo. ¿Cómo se sentiría si le piden que espere por su paga? Cuando no paga a tiempo sus cuentas, le está pidiendo a quien le debe que espere hasta que le pueda pagar. Demorar los pagos crea demora en su abundancia. No demore o incumpla a otros. Al fallarles a los demás, le falla al universo. Al darles a los demás, le da al universo.

Haga sus pagos con amor y gratitud. Agradezca por los servicios o por el producto que está pagando. Pague sus deudas con amabilidad. Envíe los pagos con gratitud y multiplique sus retornos. La abundancia se basa en la oferta y la demanda. Cuando da dinero a partir de la abundancia, es fácilmente reemplazado. Mientras más da, más tendrá. Lo que da a otros con amor, se multiplica de regreso a su ser.

El amor multiplica su riqueza

El universo es la fuente de su abundancia, por lo tanto, usted no es dueño del dinero. El dinero es un regalo del universo para ser usado a cambio de servicios y artículos. También puede intercambiar su trabajo por dinero, pero permanece como un intercambio de energía. Al hacer algo, recibe algo como compensación. La energía no es creada para mantenerla inactiva por mucho tiempo. La energía circula, y el dinero, junto con otros regalos del universo, son formas de energía pasando por sus manos. El propósito del dinero es ser dado libremente.

Cuando da, está invitando al universo a retornarle a cambio más abundancia en formas diferentes. Quizás no sepa con exactitud cómo será compensado, o en cuál denominación monetaria, pero puede confiar en que el universo cuidará de usted.

Imagínese que necesita cien dólares para comprar libros para sus cursos en la universidad. Se siente frustrado porque no sabe cómo conseguirá el dinero, y ha puesto un aviso en un periódico desde hace varias semanas en busca de alguien para compartir su apartamento. Mientras se preocupa por el dinero, recibe una llamada en respuesta al aviso, y da la bienvenida al dinero recibido por vivir con alguien compartiendo su vivienda. Ahora sabe que podrá ahorrar doscientos dólares cada mes por los próximos ocho meses. El universo le ha enviado el dinero de forma sorpresiva y alternativa. Ahora tiene mil seiscientos dólares en lugar de cuatrocientos.

El universo no siempre le enviará lo que necesita en la manera que usted lo espera. A veces, pide un regalo en una caja verde con una cinta dorada, pero el universo le envía algo diferente. Tenga cuidado, fácilmente podría rechazar algo si no está abierto a recibirlo en todas las formas. Quizás el universo le está enviando una caja roja con una cinta blanca, ¿la reconocería como el regalo que espera?

El diezmo y la abundancia

El diezmo es una forma antigua de dar, y es descrita a lo largo de la Biblia. El diccionario define "diezmo" como "la décima parte del producto de la tierra de alguien . . . o su equivalente para sostener la iglesia o el clérigo". En otras palabras, significa dar el diez por ciento de sus ingresos a una iglesia o a una organización espiritual donde recibe esta clase de guía y ayuda. Es una forma de dar espiritualmente, y ofrecer una suma específica de dinero a una iglesia, templo o sinagoga con el fin de sostener su vida espiritual.

Las iglesias y otros sitios de adoración o guía, requieren de dinero para funcionar y mantenerse. Los ministros y clérigos ganan apenas lo suficiente para sostenerse, y para pagar por los costos de operación. Ellos dependen de las donaciones y otras fuentes de dinero para mantener las luces encendidas y poder dar a la comunidad un lugar para su contemplación.

El diezmo permite a estos lugares operar financieramente, pero aún así, pocas religiones lo reciben como fuente de ingreso. Los católicos son incentivados a dar, pero no de esta manera. Muchos donan algo mínimo a sus iglesias. Quizás observaron a sus padres o abuelos lanzando algún billete y monedas en una canasta cada semana durante el servicio religioso. Algunos continúan haciéndolo, pero el dinero que donan no es suficiente para cubrir los costos actuales de operación.

Otras personas dan con generosidad a sus iglesias u organizaciones espirituales preferidas. Sus donaciones son destinadas para cubrir los gastos de cosas utilizadas por la iglesia o para realizar sus mejoras.

Dé generosamente, y el universo lo compensará en formas inimaginables

Dar a sus sitios de adoración es dar al universo con gratitud. Es demostrar su agradecimiento por todo lo que posee, y todo lo que se le ha dado. Esta acción reconoce que el universo lo ha bendecido, y continúa haciéndolo física, financiera y materialmente.

Muchas personas rechazan esta forma de donación, y la perciben como una obligación de dar dinero a una iglesia, sinagoga u otro lugar similar. Consideran estos sitios como lugares "gratis" y por lo tanto no desean contribuir con dinero.

A menudo tienen excusas para justificar la falta de colaboración. Alegan no tener dinero para donar y que tales lugares no lo necesitan. Otros piensan que el dinero será utilizado en forma inapropiada. Quizás no están de acuerdo con ciertas ideas o decisiones de su religión y sus predica-dores, y por lo tanto no desean que el dinero sirva para re-compensar algo que no creen. Para ellos, el diezmo es una donación condicional.

La Biblia describe el diezmo como una contribución incondicional, y aquellos que lo practican, lo hacen con la intención de mantener su sitio preferido de adoración.

Practique la abundancia: Dar y gratitud

La relación entre las religiones organizadas y la espirituali-dad se ha debilitado. En la antigüedad, asistir a la iglesia era una parte integral de la vida. La sociedad ha dedicado el día domingo para la adoración y la familia. Para los cristianos, el domingo fue establecido para descansar de los otros seis días de la semana. Almacenes y negocios se cerraban, lo cual per-mitía a la gente asistir a las iglesias con la familia y compartir en comunidad. Se cocinaban comidas especiales, las familias se juntaban, y también se visitaba familiares lejanos.

En la actualidad, muchas personas ya no consideran los domingos como días de adoración. Ahora es un día para hacer las cosas que tenemos pendientes, o para hacer algo que no pudimos hacer durante la semana. Los cristianos pueden o no tener el tiempo para ir a la iglesia.

Asistir a la iglesia ahora compite con otras actividades matutinas del domingo, como eventos deportivos, leccio-nes de música o cosas que hacer en la casa. Hay muchos otros sitios en donde la gente prefiere estar en lugar de las iglesias, y la asistencia a estos sitios ha disminuido en los últimos años. El rechazo a donar a las iglesias aumenta si no están asistiendo a estos sitios, porque no quieren pagar por algo que no usan regularmente.

La espiritualidad es el cimiento para sentirse bien acerca de la vida. La vida es maravillosa, es significativa. No espere hasta que envejezca o esté a punto de morir para experimentar su espiritualidad. El conocimiento espiritual y la seguridad son para todos. Ponga en práctica su espiritualidad y reconozca cómo lo beneficia en su camino por la vida. Usted no está solo en la tierra, y su viaje por este mundo no debe ser de miedo o desesperación.

Haga parte de un viaje más fácil. Tome el camino correcto y permita que la espiritualidad lo ayude y le dé la fuerza en su viaje por la vida. La vida está llena de alegría y amor si abre su corazón y espíritu. Ábralos para el beneficio de la vida. Ubíquese en el espacio espiritual y emocional para lograr la satisfacción en la vida. Es correcto decir "amo a la vida". Quizás la gente se burle, pero se sentirá bien, y ese sentimiento puede ser contagioso.

La espiritualidad es una parte necesaria de la abundancia

Esté dispuesto a descubrir una relación con el universo, sin importar su edad o experiencia. Sentirse a gusto con algo desconocido requiere de práctica. Permita que su espiritualidad emerja a medida que avanza en su camino. Al desarrollarse, esté atento a su relación espiritual. Regale su tiempo, talento y dinero con amor a aquellos que apoyan y comparten su espiritualidad. Construya una vida y una comunidad espiritual. Las iglesias, sinagogas o templos necesitan del dinero para mantener sus puertas abiertas. Ellos deben pagar sus propias cuentas. Muy posiblemente no desea visitar a Dios en un lugar frío y oscuro. Las comunidades necesitan de lugares para la adoración. Done con amor y generosidad para apoyar su vida espiritual.

Abra su vida al poder del universo; le sucederán cosas maravillosas. El universo es el máximo donador, lo hace con generosidad y abundancia. Nunca para de dar. Es más posible que primero deje de recibir, antes de que el universo pare de dar. Puede darle la espalda al universo, pero él nunca le dará la espalda a usted.

Puede sentir ira y culpar a Dios por los problemas y conflictos en la vida, pero Dios continúa allí. Quéjese a Dios si es necesario. A pesar de lo que la gente cree, es correcto —y algunas veces necesario— quejarse con Dios de sus frustraciones y rabia. Escriba una carta a su conexión espiritual expresando sus sentimientos. Usted se merece las buenas intenciones de Dios; abra sus brazos y recíbalas.

Dar es una forma activa de participar en la vida. Dé su dinero, su tiempo, sus ideas, su experiencia. Sólo dé. Dé generosa e incondicionalmente. Al dar, sus puertas de la abundancia se abrirán por completo para darle paso a las cosas maravillosas. La vida tiene mucho que ofrecer. Dé y reciba con amor y gratitud por todo lo que tiene, y por lo que vendrá.

CAPÍTULO DIEZ

INTEGRIDAD Y ABUNDANCIA

*Siempre haga lo correcto. Eso gratificará a algunos,
y asombrará al resto.*

—Mark Twain

Algunas personas prefieren que se les diga qué hacer y cómo actuar. Muchos periódicos publican columnas ofreciendo consejos y guías para quienes se encuentran en diferentes circunstancias. Muchas de estas columnas tocan temas relacionados con la integridad.

¿Cuál es la forma correcta de hacer algo?

La gente busca las respuestas correctas a las innumerables preguntas de la vida con la esperanza de evitar cometer graves errores, y aún así, nos sentimos desconcertados sobre la forma apropiada de manejar las situaciones y circunstancias. Buscamos el consejo indicado que nos guiará en la dirección correcta.

La integridad significa hacer lo correcto. Una persona con integridad posee estándares morales altos. La integridad va más allá de *creer* que usted es una buena persona; es *ser* en realidad esa buena persona. Es una forma pura; lo que ve es lo que es. Si nos preguntaran al respecto, la mayoría nos catalogaríamos como personas con integridad y buenos valores morales. Pero, ¿qué significa eso en realidad? Usted podría percibirse como un buen individuo basado en un criterio desconocido. Quizás se ve a sí mismo como alguien considerado, amable y trabajador. ¿Estas cualidades lo hace una persona integra?

La simple palabra "integridad" podría ser suficiente para recordarle que debe ser una buena persona. La palabra llama su atención. A pesar que el término es usado con frecuencia, muy pocas veces es definido. Se espera que usted conozca su significado, pero esto da cabida a diferentes interpretaciones. No puede evitar pensar si en realidad usted es un individuo con buena integridad.

Curiosamente, la palabra "integridad" parece ser usada con más frecuencia cuando se presentan serias violaciones a la misma. La integridad es un valor que se mide y se evalúa al final de la vida de alguien, por lo tanto, muchos piensan que es algo que hay que tener en cuenta sólo hacia el final de la vida: *¿Fui una buena persona?*

La integridad existe en nuestras vidas, todos los días. A diario, confrontamos la decisión de hacer algo correcto o incorrecto. La "integridad diaria" mide su capacidad para tomar buenas decisiones en todo nivel de su vida. Las buenas decisiones son aquellas que con seguridad no se arrepentirá luego de haberlas tomado.

Demuestre integridad cada día de su vida

La integridad es su sombra a medida que avanza por el camino a la abundancia. Puede estar al frente, a su lado, o detrás suyo. Puede ser más grande que su forma física, pero no es creada para intimidarlo o asustarlo. Sólo esté consciente de su integridad al caminar en dirección de sus sueños y deseos.

La integridad dirige el flujo de abundancia. Si engaña a los demás, estará invitando al universo a hacer lo mismo con usted, y limitará sus sueños y deseos. El universo es honesto y le pide que usted también lo sea en todas sus decisiones y acciones. Integridad es honestidad, y requiere que diga la verdad.

La integridad significa que quienes desean saber más de usted, sólo encontrarán lo mejor.

La integridad permite ser expuestos. Contrario a la vergüenza que desea esconderse, la integridad vive en lo abierto. Con la integridad, no hay necesidad de secretos o de esconder algo. La integridad vive a la luz del día, y así, es fácil de reconocer lo que la pone en peligro. La integridad requiere de esfuerzo y no llega por si sola; usted *debe* crearla.

La integridad significa honestidad sin importar las circunstancias. Incluye ser honesto aún si teme a las consecuencias negativas. Puede implicar herir los sentimientos de alguien, o ser reprochado por hacer o no algo correctamente. Significa que usted paga por los platos rotos, y escoge decir la verdad aún cuando la situación no es placentera.

Hay muchas oportunidades donde puede ignorar o tener en cuenta la integridad. Las mínimas violaciones de integridad son fácilmente ignoradas: pagar ciertas cuentas con demora, o estacionar en un sitio prohibido para ahorrar tiempo.

La integridad con frecuencia es reemplazada por la conveniencia; maneja su auto a través de un sitio de estacionamiento para evitar la luz roja en la esquina. Cuando no tiene dinero, no paga por estacionar en los sitios de parqueo, y espera no ser descubierto. Cada vez que le preocupa "ser descubierto", está violando la integridad. La integridad significa hacer siempre lo correcto, aún si no es conveniente. Quizás tenga que caminar un poco más para regresar la canasta del supermercado al sitio correcto. Su integridad podría hacer que cambie de parecer en el último momento.

La integridad es puesta a prueba en situaciones cuando piensa que nadie lo está mirando. Podría decirse a sí mismo que nadie notará que accidentalmente botó un papel al piso, o que arrojó basura a la calle desde la ventana de su auto. *Es sólo una bolsa de papel. En realidad no importa.*

Es fácil justificar la falta de integridad, o pensar que nadie notará la diferencia. Así, escoge dejar un artículo en el estante equivocado del supermercado, en lugar de regresarlo a su sitio correcto. Nadie sabrá que *usted* fue la persona que lo hizo. Sabe que no es lo que debería hacer, pero lo hizo de todos modos porque era más conveniente.

La falta de integridad también es justificada por la creencia que "todo el mundo lo hace". Esta creencia les da el permiso equivocado de ignorar su propia integridad, y piensan que porque otras personas hacen algo, ellos también tienen el derecho de hacerlo, aún sabiendo que la acción es incorrecta. "Pero si los otros también lo hacen", se dicen a ellos mismos.

Esta justificación continúa reproduciéndose en las conversaciones de padres a hijos. Quizás ha aprendido a justificar su argumento basado en lo que otras personas están haciendo. La mayoría de los padres quieren educar a sus hijos con buenos y sólidos valores, incluyendo la integridad. Desean que sus hijos puedan diferenciar entre lo bueno y lo malo. Ahora, puede adherirse a estos principios, a medida que independientemente dirige su vida en la dirección *correcta*.

La integridad toma buenas decisiones

La integridad incluye ser responsable por sus palabras y acciones. Durante su niñez, pudo haber culpado a su hermano o a un amigo por algo que hizo. Tuvo temor de ser descubierto y reaccionó en forma natural: culpó a alguien más. ¿Continúa culpando a alguien por las cosas que le suceden? ¿Culpa a su profesor por una mala calificación? ¿Culpa al policía por castigarlo con una multa por manejar más rápido de lo establecido? Evite culpar a otros por sus decisiones; usted es responsable por lo que sucede en su vida —tanto las cosas malas como las buenas—. Responsabilícese por sus decisiones.

La sociedad se inclina a culpar a la víctima, y ellos a su vez, culpan a otros por su victimización. Nunca podrá dejar de ser víctima si continuamente culpa a otros por sus circunstancias. Al hacerlo, mantiene su identidad como víctima.

Sea responsable por usted y por su vida. Aprenda a tomar las decisiones correctas desde el principio. Evite las situaciones y experiencias que ponen en duda su integridad. Si se enoja o se torna agresivo con facilidad, sea responsable por esas emociones hirientes. No transfiera las heridas pasadas y presentes a sus amigos o familia. Aun si ellos lo intentan, no pueden solucionar sus sentimientos. Cuide de sus emociones, y si es necesario, busque ayuda profesional para retomar control antes de que interfieran en el curso de su vida. Las terapias y consejos son benéficos, pero buscar este tipo de asistencia puede requerir superar el miedo y la vergüenza que por lo general inhibe a las personas y les impide recibir esta valiosa ayuda.

La responsabilidad es una parte muy importante de la integridad. Sea responsable de sus actos y decisiones. No culpe a nadie por algo que hizo o no hizo. A medida que avanza en su camino, desarrollará la habilidad de tomar sus propias decisiones. Tome las decisiones que puede aceptar con facilidad, y que puede responder en su totalidad. La policía no lo obliga a manejar más rápido de lo indicado o a cometer una infracción. A pesar de lo que piense, *usted* tomó esa decisión. Usted toma decisiones consiente e inconscientemente.

Las decisiones inconscientes son más difíciles de entender, inclusive, de cambiar. Al hacerlas, es bueno que se pregunte a sí mismo: ¿Cuál es la decisión correcta? Esta pregunta lleva la decisión a un estado consciente y lo guía a escoger lo indicado. Tome las decisiones basado en lo que usted sabe que es correcto, y no porque cree que podrá salirse con las suyas.

La responsabilidad es a veces confundida con la culpabilidad. A nadie le gusta ser culpado; es más fácil culpar a los demás que ser culpado. Culpar a alguien es una forma de autoprotección. Culpamos a los demás antes de que nos culpen. La responsabilidad es la habilidad de asumir nuestras acciones sin la necesidad de culpar a alguien más.

No acepte algo que puede ser perjudicial para usted o los demás, incluyendo el mal uso del alcohol y las drogas. Si en la actualidad está usando drogas o alcohol en forma adictiva, está dejando la responsabilidad de su vida a estas substancias. Muchas personas utilizan el alcohol y la marihuana para apartarse de emociones negativas, esperando reemplazarlas por experiencias que los hagan "sentirse bien".

Cualquier uso excesivo y prolongado de estos elementos pone en peligro su integridad. Las substancias que alteran su forma de pensar, también afectan su habilidad para interactuar honestamente con usted mismo y con el mundo exterior. Su uso prolongado implica que no puede manejar su vida por sí solo, y le dan un falso sentido de control. Aquellos que abusan de estas substancias sienten miedo, vergüenza e incapacidad. Al avanzar en su camino hacia la abundancia, podrá controlar estos sentimientos negativos. Atraiga lo bueno hacia su vida sin la necesidad del uso de estas substancias dañinas.

Actúe de la forma en que se sienta orgulloso

La integridad incluye creer en sí mismo. Mucha gente joven depende de sus padres más tiempo de lo que una buena integridad podría sugerir. La integridad significa tener la capacidad de cuidarse a sí mismo en lugar de depender de los demás. La autoconfianza construye independencia. Un pájaro recién nacido, sentado en el borde de una ventana, mira hacia las nubes y piensa cuándo será el día en que pueda volar. La madre continuará alimentándolo en la medida en que él siga sentado en la ventana.

Las generaciones actuales dependen más de sus padres que las del pasado, y encuentran más difícil mantener su independencia. Algunos pueden ir a vivir por su cuenta, pero después de un corto tiempo, regresan a vivir con sus padres. La gente joven, así como un pájaro recién nacido, debe tener el valor de crear su propia independencia. El cordón umbilical que los conecta a sus madres, es cortado desde el momento del nacimiento. La vida es un período de crecimiento y preparación, seguido por el período de independencia.

¿Qué está esperando?

Con frecuencia, la gente espera a tener el valor para ser independiente, y en realidad lo que se necesita es arriesgarse. El riesgo es indispensable, ya sea si tiene o no el valor en ese momento. El miedo demora el proceso, mientras que el riesgo lo impulsa a tener fe en sus acciones. Tome los riesgos necesarios para ser independiente. Alcance su potencial a medida que avanza en el mundo. Al igual que un niño voltea a mirar a su padre para sentirse seguro que está allí cuando está aprendiendo a caminar, usted debe avanzar en su camino con la certeza de que el apoyo emocional es suficiente. La mejor forma de aprender algo es hacerlo. No espere a tener el valor. Por el contrario, actúe y sienta el coraje a medida que avanza. Vuélvase independiente y dependa de usted mismo.

La integridad significa hacer lo correcto, aún si le causa inconvenientes. Significa también pagar por algo que rompió en el almacén, aunque preferiría no pagarlo porque su intención no es comprarlo. Es responder a las peticiones de los demás, como la confirmación de asistencia a una invitación. Tenga consideración con los demás y avíseles si va o no a asistir a sus fiestas. Integridad es mantener sus promesas. Si dice que va a hacer algo, la integridad le dicta que debe hacerlo. Pague el dinero que debe, ya sea que lo haya prestado de un banco o de sus padres. Siempre pague el dinero que pidió prestado. Su integridad está en juego, y su palabra es la forma de evaluarla.

Evite pedir dinero prestado. La mayoría de las bancarrotas y deudas eternas, resultan del mal uso de las tarjetas de crédito. Las tarjetas de crédito dan un sentido falso de seguridad. La gente las mantiene "por si acaso". Estas tarjetas le permiten gastar más allá de sus límites, mientras acumulan sus deudas con rapidez. En la antigüedad no se utilizaban tarjetas, y todas las compras se hacían en dinero efectivo. El éxito financiero depende de su habilidad para manejar el dinero en forma eficaz. Si gasta más allá de su capacidad, no tendrá el dinero para pagar y estará actuando en contra de su éxito financiero.

Gaste menos de lo que gana, y ahorre e invierta su dinero con regularidad. El dinero se puede multiplicar en su beneficio —dividendos—, o en su contra —gastos financieros—, dependiendo de dónde coloca su dinero. Al menos que sea dueño de una compañía de tarjetas de crédito, éstas le producirán mayores pérdidas que ganancias. Evite caer en esta trampa. Utilice el crédito con inteligencia. Un buen crédito es necesario cuando compra una casa o un negocio, no cuando está comprando otro par de pantalones en oferta en el centro comercial.

Conozca la diferencia entre lo que necesita y lo que quiere. Una necesidad es algo que requiere para vivir, como la calefacción en su hogar, o el auto que maneja al trabajo. Lo que quiere, es algo que le gustaría tener, pero no es necesario para su diario vivir. La confusión entre estos dos conceptos puede conducirlo a dificultades financieras.

Evite utilizar su dinero en forma "peligrosa". En otras palabras, no gaste lo que no tiene en posesión. Si todavía no ha pagado su cuenta del teléfono, no gaste dinero comiendo en restaurantes los fines de semana. Es una violación a la integridad gastar el dinero que pertenece a alguien más; en este ejemplo, a la empresa de teléfonos. Pague primero sus cuentas, y disfrute de la paz y tranquilidad de comer en restaurantes con su propio dinero.

La buena integridad abriga gran abundancia

Acostúmbrese a manejar el dinero y a tenerlo en su poder. No se deje intimidar por el dinero, y mucho menos, no lo dé inconscientemente. Quizás trata de deshacerse de él tan pronto como lo recibe, o aún antes de que lo tenga. La genealogía de la abundancia, representada a continuación, le ayudará a entender sus creencias y patrones de comportamiento heredados con respecto al dinero. El miedo y los problemas lo colocan en una situación riesgosa de gastos excesivos. Hágase amigo del dinero; permita que sea una parte agradable de su vida. El dinero en su poder invita a más dinero en su vida. Es la clave para el éxito financiero. El dinero es bueno, y es correcto tenerlo en su poder.

La genealogía de la abundancia

¿Qué desearía tener más en su vida?

La genealogía de la abundancia le sirve como una guía de las relaciones familiares y las percepciones individuales sobre la abundancia.

Si usted desea más dinero, diseñe un árbol genealógico con este propósito. Analice los miembros importantes de su familia y la forma cómo manejaron y entendieron el dinero durante sus vidas. También puede elaborar un árbol para el tiempo, para las relaciones personales o el trabajo para identificar patrones de comportamiento heredados en su vida. ¿Cuáles eran las reglas de su familia al respecto? El siguiente es un ejemplo de un árbol genealógico de dinero:

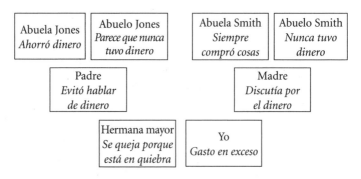

Regla familiar: gastar en exceso

Después de completar el árbol genealógico, tendrá un mejor conocimiento de sus propios hábitos. Quizás inconscientemente se ha adherido a las costumbres de su familia. Si ése es el caso, escoja diseñar un mejor comportamiento en su vida. Por ejemplo, si la regla familiar era "gastar en exceso", cambie su hábito por "ahorrar y economizar". Al hacerlo, estará cambiando la creencia que ha venido interfiriendo en su abundancia, por una que la incentivará.

Diseñe un árbol genealógico para el dinero, tiempo, relaciones personales, y otros factores relacionados con la abundancia. Analice cómo sus abuelos, padres y hermanos confrontan estos aspectos. Adicione más información si es necesario.

Su regla familiar es:

CAPÍTULO ONCE

ABRA PASO A SU ABUNDANCIA: ELLA LO ESTÁ ESPERANDO

No es cuánto tenemos, pero cuánto disfrutamos,
lo que nos hace feliz.

—CHARLES H. SPURGEON

La abundancia se está acercando hacia usted. Inició su viaje desde la esfera invisible, y ahora está a punto de materializarse en forma física. Así como los nuevos padres preparan un lugar para el esperado nuevo miembro de la familia, usted debe alistar el sitio de llegada para su nueva fuente

173

de felicidad. La abundancia necesita del espacio adecuado para llegar a su vida, pero, ¿dónde la colocará? Sin duda, ya debe tener una gran cantidad de cosas. Si usted es como mucha gente, sus habitaciones deben estar llenas de muebles, sus clóset deben estar llenos de ropa, y su buzón de correo debe estar lleno de cartas sin importancia.

No es común tener espacio en nuestras casas o en nuestras vidas. Muchos creen que la idea de abrir espacios es para llenarlos con rapidez, y de esa forma, evitar sentimientos incómodos de miedo e infelicidad. Los espacios abiertos dan la impresión que algo falta o está incompleto. Las cosas que se dejan sin terminar dan la sensación de ser inadecuadas —generan sentimientos que incitan a terminar un proyecto o a llenar un espacio—. En un principio, la gente puede llenar esos espacios con cualquier cosa, y luego hacerlo con cosas más importantes. Mucha gente sabe cómo llenar espacios vacíos con rapidez.

Puede parecer natural rodearse de bienes materiales —también llamados "cosas"—. Los estudiantes al ingresar a la universidad, se inclinan a llenar sus dormitorios completamente en el primer año de estudios. Sin importar en qué situación se encuentre en su vida, quizás también tenga la tendencia a llevar consigo más de lo que necesita. Puede llevar su cartera, su teléfono celular y una chequera, y entrar en un supermercado para llenarse de muchas más cosas.

La gente acumula y guarda cosas innecesarias. Compran algo nuevo pero mantienen lo viejo. Muchos se vuelven adictos a acumular cosas, y éstas actúan de tal forma que transmiten una sensación falsa de seguridad. Creen sentirse mejor al estar rodeados de cosas, pero han acumulado más de lo que necesitan, o más de lo que pueden utilizar. Es posible convertir su vida en un caos con tantos bienes materiales, y por desgracia, tendrá cosas en lugar de abundancia.

La abundancia necesita de un lugar para ubicarse

Los aviones necesitan de una pista para aterrizar. Este principio también se aplica a la abundancia. La abundancia necesita de un lugar vacío o desocupado para que pueda llegar a su vida. Un espacio desocupado envía el mensaje de *disponibilidad*. Demuestra que usted está listo para recibir. Un espacio abierto comunica que *está listo* para aceptar la abundancia.

La abundancia es energía —una fuerza vibrante en movimiento que se multiplica con rapidez produciendo más energía—. La energía de la abundancia necesita espacio para moverse con libertad. La abundancia es una expresión; lo que entra, debe salir. Las intensiones y palabras crean una energía que debe expresarse, y se manifiesta positivamente como abundancia. Esta expresión deja de ser energía en el momento en que es contenida o bloqueada. Su abundancia se encuentra en los perímetros de lo invisible a la espera de un lugar para hacerse realidad.

Establezca el espacio necesario para su abundancia. Limpie su casa, su oficina, su automóvil. Disminuya el desorden. Deshágase de aquellas cosas que ya no le gustan, no utiliza, o no necesita. Ábrale campo a la abundancia. Forme un espacio abierto para lo que desea en su vida. Si quiere un nuevo computador, regale el que tiene. Si quiere un nuevo auto, ponga el suyo a la venta. Mantener las posesiones que ya no desea crea desorden. El desorden interfiere con la energía de la abundancia.

Aprenda a desprenderse de las cosas para poder recibir lo que en realidad desea. Las naves espaciales se desprenden de los tanques de combustible que ya no necesitan cuando despegan de la tierra. La abundancia es demostrada con facilidad en la naturaleza. El árbol de roble se desprende de sus hojas cada otoño. Usted también debe aprender a desprenderse de todo aquello que ya no necesita. El no hacerlo, lo afecta en forma negativa.

Descarte las cosas rotas o que no se pueden reparar. Abra espacio para lo que desea. Done aquella bufanda que le regalaron en navidad hace muchos años y todavía no ha utilizado. Evite colgar esa clase de regalos en su clóset por tiempo indefinido. Cuando sabe que no va a usar algo, regálelo o dónelo de inmediato. Deshágase de esas cosas y permita que algo nuevo se manifieste; algo que en realidad quiere y le gusta.

El desorden bloquea su abundancia, y a menudo, un clóset en estas condiciones, es mal interpretado como abundancia. El desorden, así como la abundancia, da la impresión de tener "más de lo suficiente". Un clóset lleno de ropa, zapatos y otros accesorios, envía esta clase de mensaje. La mayoría de las personas tienen los clóset llenos con ropa que ya no les gusta, no usan, o del tamaño que ya no es apropiado. Prefieren mantenerlos hasta el tope, aún cuando su contenido no es funcional o ya está pasado de moda.

No justifique el hecho de mantener ropa. Los estilos y los gustos cambian. Si tiene ropa que ya prefiere no usar, no la acumule por el solo hecho de que alguna vez fue costosa. Llene su clóset con ropa que le gusta, que complemente su apariencia y que es confortable. Ésa es la ropa que primero tiene en cuenta el lunes por la mañana cuando no quiere planchar o complicarse la vida. Llene su clóset con ropa que disfrute usar y deshágase de lo demás. Cuando no tiene tanta ropa, desperdicia menos tiempo buscando qué ponerse.

Deseche o regale

Abra espacio en su clóset para lo que desea usar. Deseche o regale el resto. Regale su ropa a alguien que le gustaría usarla.

Los clóset coleccionan las cosas que quiere quitar de su camino, y pronto se olvida de lo que ha colocado allí. Después de un tiempo, se convierten en un desorden. Éste se acumula con rapidez hasta que lo organiza y desecha lo innecesario. El espacio es sagrado. Es el lugar de su deseada abundancia, así que evite llenarlo con cosas sin importancia. Si no necesita algo, no lo guarde indefinidamente.

Deseche o haga donaciones. Abra el espacio para lo que en realidad desea.

La ropa no es lo único en su vida que crea desorden. Los papeles ocupan espacio y se pueden acumular con rapidez. Vienen en varias formas —periódicos, volantes o cuentas—. El correo está compuesto de muchas clases de papel, y se acumula y multiplica con facilidad día tras día.

Los papeles crean desorden en su oficina o vivienda, y quitan espacio de su escritorio, de sus repisas y mesas de comedor. Los papeles se quedan allí indefinidamente en espera a ser atendidos. Si no puede revisar un papel en el momento, quizás lo guardará para mirarlo después. Si ése es el caso, quizás tiene papeles que todavía no ha revisado. Espera leer ese buen artículo en la columna de relaciones personales, pero el tiempo y el desorden se lo impiden. Y todo se queda así. Revistas y periódicos ayudan a la acumulación de papeles. Puede colocarlos en otros lados con la intención de leerlos después, pero quedan enterrados bajo montones de papel. El tiempo pasa, y los papeles continúan acumulándose. Muy pronto es necesario comenzar otro montón; el papel se aglomera y multiplica, creando aún más desorden.

Simplifique su vida

Disminuya el desorden de papeles. Revíselos, lea su información, y decida si los desecha o archiva en la forma apropiada. Mantenga sus cuentas en un lugar específico para darles la atención adecuada y pagarlas a tiempo. Si es posible, pague sus cuentas mensuales a través de la Internet para reducir la cantidad de papel en su vida.

Descarte los recibos de las cosas que compró hace tiempo. Mucha gente los guardan "por si a caso", pero no es necesario tenerlos indefinidamente. La mayoría del papel puede ser descartado de inmediato. Abra su correo junto a una canasta de reciclaje, y así podrá deshacerse de lo que no necesita en ese momento. Acostúmbrese a eliminar el desorden; es fácil.

Escriba las fechas importantes en un calendario y descarte esa innumerable cantidad de notas en papeles pequeños que coloca en todos lados. La información que necesita inmediata o futura atención debe ser organizada. No atraiga problemas al confiar sólo en su memoria. Tome notas de las cosas. Podría comprar un pequeño organizador electrónico (PalmPilot) para tener a su mano la información que necesita.

Deseche o archive sus papeles

El miedo es lo que lo incita a guardar cosas innecesarias. Se puede aferrar a cosas por el miedo a no tenerlas cuando las necesite, y de esa forma no se deshace ni de lo viejo ni de lo inservible. Puede mantener cosas indefinidamente en caso de que las necesite en algún momento desconocido en el futuro. Aferrarse a cosas demuestra el temor escondido a que sus deseos no serán cumplidos, y por tal razón, acumula y acumula. Si tiene miedo de tener menos de lo que necesita, resultará comprando y guardando más de lo que necesita. El miedo se opone a la abundancia. La abundancia es la habilidad de recibir cosas por medio de la fe, no del temor.

La inclinación a acumular cosas está relacionada con sentimiento subconsciente de la negación. Personas con estas tendencias compensan por lo que anteriormente les fue negado. Si alguien alguna vez no tuvo la vestimenta adecuada, correrá el riesgo de acumular ropa. Si le fue negada comida, su alacena puede ser un desorden. Dan la impresión de no tener lo suficiente de algo que antes les fue negado. Considere el siguiente ejemplo:

María era la menor de seis hermanos. Su ropero consistía de prendas que sus hermanas habían usado con anterioridad. Ahora que es adulta, tiene varios clóset llenos de ropa. Con frecuencia, compra nueva ropa para vestir y para regalar. Ella disfruta la ropa.

Alguna gente, sin saberlo, complica sus vidas acumulando muchas cosas, esperando de esa forma tener una sensación de seguridad. Tener posesiones crea sensación de seguridad, y mucha gente acumula grandes cantidades de cosas. Se rodean a sí mismos con cosas materiales al igual que un niño se cubre con una cobija. La presencia de muchas cosas da la falsa sensación de seguridad.

Cuando se sienten solas, frustradas o tristes, pueden intentar contrarrestar esos sentimientos comprando cosas. Se consuelan con comida, ropa u otras cosas materiales que inundan sus casas y autos. Tienen cosas hasta en sus bolsillos y carteras. La acumulación crea desorden, y con el tiempo, se quedan sin espacio para poner todas esas cosas. Escogen casas con muchos clóset, compran contenedores para almacenar más cosas, y construyen sitios de almacenaje en sus patios para guardar muchas otras cosas.

Vivimos en una sociedad que le encanta acumular. Mucha gente cree que entre más cosas tengan, más fácil serán sus vidas. Más cosas significa más trabajo: más para trastear, más para limpiar; y lo dejan con menos tiempo para dedicar a otras actividades que les gusta realizar.

La acumulación de cosas complica su vida

Acumular cosas interrumpe el flujo natural de la abundancia y crea un obstáculo que demora su manifestación.

Mimi y Paul han estado casados por muchos años. Ella lo describe como una ardilla; él colecciona de todo. Paul asiste a subastas y compra cosas a través de la Internet —ebay— con la esperanza de venderlas a un mayor precio. Las cosas que compra continúan acumulándose y creando desorden en su casa. Ya no pueden estacionar su auto en el garaje debido a las cosas allí acumuladas. Ella está cansada de tantas cosas, y él se avergüenza de invitar amigos a la casa. La vida de ella se ha trastornado por todas esas cosas.

La acumulación de cosas crea malos sentimientos. Es fácil sentirse impaciente en medio de tantas cosas. A medida que se acumulan, parece como si las paredes se cerraran y las habitaciones se hicieran más pequeñas. Se siente cansado y con ansiedad, y no sabe por dónde empezar, o si va a haber un final. Cuando su casa está en este estado, su mente actúa de igual manera. Se siente confundido e inseguro de qué hacer o cómo hacerlo. Le falta claridad y dirección. Se puede sentir fuera de lugar, irritable y cansado porque todo a su alrededor se encuentra en desorden.

El desorden le cuesta tiempo. Lleva tiempo buscar cosas que están cubiertas por el desorden. No puede encontrar los papeles del seguro del auto. Las cosas se caen de las repisas y las puertas de sus clóset deberían tener señales para evitar accidentes. El desorden invita a que las cosas se caigan a su alrededor y a crearle tensión. Cuando las cosas se caen, pueden impactarlo emocionalmente; puede sentir que su vida está fuera de control. Aún así, muchos se convencen que son más organizados en medio del desorden. Afirman saber dónde están las cosas, y sienten pánico cuando alguien las toca o las mueve.

El desorden toma poco tiempo en acumularse, y como resultado, puede vacilar una y otra vez hasta que por fin le dedica tiempo a organizar. El tiempo pasa, y el desorden permanece por meses, incluso años. Lo bueno es que, con el pasar del tiempo, muchos de los papeles que requerían de atención ya no son importantes. Cuando por fin decide organizarlos, descansa al saber que ya puede descartarlos. El tiempo permite que se eliminen los montones con más facilidad.

Organizar su vida no requiere de tanto tiempo como podría pensarlo. Mire a su alrededor, y escoja algo que pueda organizar en este momento. Observe cuánto tiempo le toma hacerlo; no llevará demasiado. La creencia que organizar llevará mucho tiempo le impide poner las cosas en su lugar. Si piensa de esta forma, siempre va a posponer la limpieza para después.

Comience hoy a organizar su desorden, y descubrirá qué tan poco tiempo lleva hacerlo. Evite empezar otro nuevo proyecto de limpieza hasta que no haya terminado con el primero. Digamos que su intención original fue guardar algunos libros, pero cuando se acerca al estante, se da cuenta que no tiene suficiente espacio para más libros. Entonces empieza a escoger y acomodar los libros para dar más campo a los otros. De esa forma, el proyecto inicial toma más tiempo porque ha decidido empezar otro proyecto.

Al deshacerse de cosas que ya no quiere o necesita, abrirá más espacio y evitará proyectos secundarios. Establezca el lugar para su abundancia, abra espacios y caminos despejados para su llegada. Levante las cosas del piso. Determine sitios específicos para ponerlas. Cuando utilice algo, póngalo de regreso en su sitio. Abra el espacio en su vida para lo que en realidad desea. Deshágase de cosas con frecuencia.

Libere su espacio y su tiempo

La abundancia es mucho más que la presencia de cosas en su vida. Es mucho más grande que las cosas, que el dinero y las posesiones materiales. La abundancia significa disfrutar. Es agradable y reconfortante. Es reírse. La abundancia significa experimentar la vida a plenitud. Consiste de momentos alegres durante los cuales aprecia la vida. Es el amor genuino por la vida. Es la satisfacción de tener y no tener. Significa estar simplemente feliz por lo que experimenta en determinado momento. Es aceptar la vida en su totalidad. Todo lo que toca se transforma en oro. La abundancia mejora su vida de manera inimaginable.

¡Abundancia, te doy la bienvenida!
Ya tienes un lugar en mi vida.

PARTE TRES

LA ABUNDANCIA ES DIVERTIDA

CAPÍTULO DOCE

DISFRUTE EL VIGOR DE LA ABUNDANCIA

¡Diríjase con confianza en la dirección de sus sueños!
Viva la vida que siempre imaginó.

—Henry David Thoreau

La abundancia funciona como magia. Quizás no la pueda ver en estos momentos, pero pronto la verá. Es posible que ya esté empezando a ver los resultados después de poner en práctica lo que ha leído en los capítulos anteriores. Si es así, el proceso se ha iniciado.

Cuando empezó a leer este libro, quizás se sintió ansioso por crear su vida de abundancia. Posiblemente aplicó de inmediato las herramientas necesarias, y empezó a pensar y a hablar diferente. Escogió ubicarse en un plano superior y observar sus deseos desde un punto de vista espiritual. Si fue así, sin duda ha notado los cambios en su forma de pensar, en cómo se siente, y cómo conduce los diversos aspectos de su vida. Ahora responde a sus experiencias diarias con confianza, permite que sucedan las cosas, y ha abierto su camino para que la abundancia llegue a usted. Ahora tiene el suficiente conocimiento para no ser catalogado como un principiante.

Por el contrario, puede ser considerado un autoemprendedor. Posee las habilidades que le permitirán entrar al camino de la abundancia con más confianza y preparación. Inició el proceso por su cuenta. No buscó ni confió en la ayuda de los demás. Los autoemprendedores no necesitan una razón ni otra persona para iniciar el viaje hacia la abundancia. Simplemente inician y empiezan a avanzar. Tienen confianza en sus aptitudes y están dispuestos a tomar riesgos. Su motivación es el deseo de tener más en la vida.

Pero no todos son autoemprendedores. Algunas personas son motivadas por las acciones externas. Dependen de otros para la ayuda y motivación, y como resultado, su proceso es más lento. Deben esperar por otras personas, y por lo tanto, se demoran al iniciar su propio camino. Desean iniciar su camino a la abundancia, pero hay algo que los detiene y continúan esperando. ¿Qué los está deteniendo?

¿Es el miedo o la incertidumbre? ¿Es la falta de confianza? ¿Piensa que no vale la pena o que no se lo merece?

Quizás tienen temor a cometer errores. Antes de hacer algo, quieren saber que están tomando la decisión correcta, y que lo que hacen es acertado. Se sientan a mirar a los demás, y a la espera de que algo bueno aparezca en sus propias vidas. Desean en secreto poder tomar los pasos necesarios para tener la oportunidad de vivir sin temor, pero escogen esperar. Parece como si estuvieran "desperdiciando el tiempo", pero en realidad están siendo detenidos por sus propios temores. El miedo paraliza a las personas. El miedo paraliza los sueños.

No espere más, y en su lugar, empiece a moverse. Evite esperar a que alguien lo empuje en el camino de la abundancia. Hágalo por sí mismo, familiarícese con su camino. Siéntalo y experiméntelo de una forma simple antes de hacer parte de él y vivirlo con más intensidad. Escoja un objetivo que esté dispuesto a intentar. ¿Está dispuesto a hablar en la forma indicada para realizar sus sueños? ¿Puede sentir y experimentar confianza en sí mismo? ¿Está decidido a hacer lo necesario para dirigirse en la dirección de sus sueños?

Comience con pasos cortos pero seguros. Intente apartarse por un instante de lo que conoce. Entienda que la abundancia está al alcance de sus dedos si decide experimentarla y conectarse con ella.

Mejor aún, no espere a que la motivación llegue a usted. Con seguridad va a esperar por mucho tiempo. Mucha gente nunca tiene la motivación suficiente para llevar una vida de abundancia. La falta de incentivo es una excusa común para evitarla. Muchos prefieren decir: "No puedo empezar", en lugar de "no quiero empezar" o "no sé cómo empezar". El resultado es el mismo: la demora del proceso. Posponer se convierte en su forma de vivir. La motivación requiere del primer paso, que a su vez genera el entusiasmo para alcanzar la abundancia. Aquí es cuando se inicia el proceso.

La acción crea el momento ideal para la abundancia. Ya sea que lo analice desde el punto de vista de "ahora o nunca", o "ahora es el mejor momento", nunca es muy pronto o muy tarde para iniciar el camino a la abundancia. *Ahora* es el momento de caminar por la ruta que manifestará sus sueños y deseos. Al igual que en el mercado de las acciones, la abundancia requiere que aproveche las oportunidades en el momento indicado. Las oportunidades vienen y se van; actúe para alcanzar los sueños de su vida. No tiene que conformarse con lo que se le aparezca; la abundancia significa tener lo que en verdad desea. ¿Qué está esperando? Usted tiene el poder y el conocimiento para crear una vida fabulosa.

Construya una vida agradable y con plenitud

Su vida de abundancia podría consistir de períodos inestables y con problemas.Estos son parte de la vida y sirven para mantener en curso su crecimiento personal. Las dificultades tienen la capacidad de movilizarnos a niveles superiores de consciencia. Todo sucede por una razón. Hay una razón por la cuál le fue negado su ascenso en su empresa. Acepte el plan del universo; es mucho mejor de lo que se imagina. Confíe en el universo. La confianza lo guiará a superar los obstáculos con facilidad y dignidad. Acepte el plan divino diseñado para su vida. Tenga paciencia, ¿cuál es el afán? La abundancia es el viaje, no el destino final. Disfrute de su viaje.

Ha llegado el momento de encaminarse hacia sus sueños y deseos. Al iniciar, puede y logrará grandes cosas. Sea consistente, no perfeccionista. Puede cometer errores, pero debe aceptarlos como parte del aprendizaje. Acepte la responsabilidad por su error, arréglelo cuando sea necesario, y continúe adelante —con más conocimiento— hacia la abundancia.

Evite hacer las cosas más difíciles de lo necesario; no invente problemas donde no existen. Las experiencias son fácilmente mal entendidas y agrandadas con pensamientos y sentimientos negativos. Deje que sean lo que son. Evite la tentación de hacerlas más grandes y difíciles. Ponga en práctica la frase: "Es lo que es". De esa forma, acepta las circunstancias y minimiza los sentimientos negativos. Reduzca los problemas de su vida. Enfatice lo que es significativo para usted.

La vida no existe sin dificultades, pero la forma como enfrenta la vida y responde a los problemas, determinará la manera como vive. Apártese de todo aquello que no le presta un valioso servicio: posesiones materiales, pensamientos negativos, sentimientos y experiencias. Viva sus experiencias con actitud positiva y alentadora. Enfoque su atención en aprovechar lo mejor de cada situación.

Manténgase alejado de aquellos sentimientos que lo desaniman. Esta actitud lo desviará fuera de su curso —a veces permanentemente— e interrumpirá sus deseos y su avance frontal.

¿Qué tan importantes son sus sueños?

No se rinda a los sentimientos desfavorables o pasajeros. Ellos lo atacarán si piensa que ha estado esperando por mucho tiempo. Se sentirá desanimado si sus deseos no se cumplen cuando *usted* quiere y no cuando el universo lo tiene planeado. Éste es el momento indicado para evaluar lo que hasta ahora ha hecho para encaminarse en su ruta a la abundancia. ¿Se inscribió en el curso de la universidad que le permitirá obtener un título profesional? ¿Tuvo tiempo de analizar los planos para construir la casa o habló con el banco sobre el préstamo? Felicítese por lo que ya ha logrado. A menudo escalamos una montaña para descubrir que hay otra que escalar más adelante. La vida es una serie de montañas con muchas metas que alcanzar. Acepte lo que ha logrado hasta ahora; su deseo de crear una vida de plenitud es excitante y divertido.

La abundancia es como el fuego que se esparce sólo con una chispa. Una vez que empieza, la abundancia se reproduce con intensidad. Las cosas comienzan a suceder, se aceleran, se presentan más rápido que al comienzo. Tenga en cuenta lo siguiente:

Jamie vivía en una casa que no le agradaba. Ella contactó constructores para cotizar grandes renovaciones que no podía pagar con facilidad. Quería transformar la casa en aquella que había soñado, pero todavía se sentía frustrada y "atrapada". Pensó que no tenía nada que perder si ponía en práctica las herramientas de ayuda a la abundancia. En un par de meses, encontró la casa de sus sueños en la ciudad donde siempre había querido vivir. Puso su casa a la venta a ver qué pasaba. ¿Se iba a ser realidad su sueño? La casa se vendió el primer día que salió a la venta, y luego compró la casa que siempre había soñado.

Una chispa es sólo el comienzo del fuego, y éste tiene la capacidad de quemar con gran fuerza por mucho tiempo. Es más fácil mantener el fuego ardiendo, que empezarlo. Esto también es cierto con la abundancia. A medida que empieza a presentarse en su vida, se sentirá emocionado y con confianza. El fuego requiere de permanente atención y alimento; no permita que se debilite y extinga. Sea atento con su abundancia; haga que sucedan las cosas continuamente. Evite sentirse cómodo; no olvide utilizar sus herramientas.

La abundancia se mueve constantemente; es la energía en usted y a su alrededor

Quizás se olvide de alimentar el fuego, y en su lugar, se distraiga con el aburrido trabajo de cuidar de los detalles de su vida. Puede ignorar la presencia de la abundancia que cubre todo su ser, y se salga de su camino tornando su vida en algo gris y oscuro. Podría olvidar recurrir a las cosas buenas y poderosas que tiene a su alrededor, y cree problemas debido a que sus pensamientos se vuelven negativos. Dice cosas que no quería decir, y regresa al antiguo patrón de comportamiento. Si todo esto sucede, estaría afectando sus sueños y deseos.

Todos los individuos tienen la capacidad de sabotear sus sueños y deseos, ponerlos a la espera, con la idea de hacerlos realidad en otra ocasión: *Voy a llamar mañana a la oficina de registros de la universidad.* Sus sueños son importantes, y posponerlos les hará perder importancia. Otras cosas parecerán más importantes. Evite abandonar sus sueños, aún si piensa que sólo los está retrasando por un día más o un año.

Convierta sus sueños en una prioridad

Es fácil llenar su vida con personas, lugares y experiencias que en realidad no tiene interés. Sus sueños merecen prioridad. "¿Estas cosas —eventos, experiencias o decisiones— me están llevando en la dirección de mis sueños?". No llene su agenda con actividades que lo separan de sus sueños; siempre sea fiel a ellos.

Sus sueños se originaron en la esfera invisible donde el tiempo no existe, y no tienen conocimiento de que hay un buen o mal momento para materializarse. Los sueños se realizan cuando el universo lo determina. No se desanime mientras espera. No crea en aquellos pensamientos que le dicen que nunca encontrará un mejor trabajo u otra relación amorosa. Claro que sí sucederá; tenga paciencia y confianza.

La confianza es diferente a esperar —lo cual es asociado a menudo con algo negativo—. Quizás está acostumbrado a esperar que algo malo suceda, y por lo tanto, lo hace sentir temeroso y nervioso —no le gusta esperar—. Esperar significa que no está haciendo nada —siente como perder o desperdiciar el tiempo—. Preferiría hacer algo, cualquier cosa, en lugar de esperar. Si elude la espera, cree que evitará el miedo.

Confíe en lo opuesto al miedo. Confiar es esperar sin temor. Significa que usted está haciendo algo; ¡usted está confiando! La confianza es activa, no pasiva. Requiere que se relaje a ver qué sucede. Es relacionada con los buenos sentimientos, y crea calma y serenidad.

La abundancia genera una variedad de sentimientos positivos. Le permite sentirse feliz, alegre, honorable y agradecido. La gratitud mantiene la abundancia en todo aspecto de su vida.

La gratitud mantiene la vitalidad en la abundancia

Diga "gracias". Aprecie lo bueno que cruza su camino. Más importante aún, aprecie lo que ya se ha cumplido. Cuide las cosas que tiene. Cuide su casa y los bienes materiales en su interior. Su interés —la acción— de cuidar sus cosas, comunica gratitud. Si está agradecido por lo que tiene, cuidará de sus pertenencias. La gratitud invita a una mayor abundancia.

El teólogo Meister Eckhart escribió: "Si la única oración que pronuncia es 'gracias', será suficiente". Agradezca al universo por su generosidad, usted tiene mucho porqué agradecer en su vida, y una expresión de gratitud es necesaria. Cuando regala algo a alguien, quiere saber que el regalo es apreciado. Dar gracias es hacer lo correcto.

Aprecie todo lo que compone su vida, incluyendo, pero no limitándose, a su familia, amigos, vehículos, oportunidades, buena salud, etc. Hay mucho que agradecer cada día. Note todo lo bueno que ya existe en su vida. Agradezca la ducha caliente que tomó esta mañana; imagínese si su día hubiera empezado con una ducha fría. Sea agradecido por la gasolina en su vehículo y la comida en su refrigerador. Agradezca por todo lo que tiene y por lo que llegará. Acepte todo lo bueno con gratitud.

¡La abundancia es divertida! Es agradable ver y experimentar sus deseos a medida que se vuelven realidad. Manifestar la abundancia es un sentimiento asombroso y mágico, y a su vez simple. Es fácil manifestar sus sueños y deseos. Es fácil experimentar la vida como ha sido divinamente diseñada. Su vida es guiada; el universo está allí, y quiere darle salud y bienestar.

Pida y recibirá

El universo no le informa que, a pesar de saber cómo manifestar sus deseos, usted mantiene el derecho de interrumpirlos. Quizás tiene la forma de permanecer ocupado y no dedica tiempo para pintar, dibujar, o tocar música. Usted piensa y espera tener más tiempo para hacer las cosas que en realidad le gustan. El tiempo es sólo una excusa, y todas las personas en este planeta tienen acceso a la misma cantidad de tiempo —veinticuatro horas al día, siete días a la semana, y cincuenta y dos semanas al año—. El tiempo es establecido, la diferencia está en cómo decide utilizarlo.

¿Cómo percibe el tiempo? ¿Cree que tiene tiempo suficiente o no le alcanza? ¿Puede dedicar tiempo para usted mismo? ¿Cree que no se lo merece y gastarlo es una tontería? En otras palabras, ¿desperdicia el tiempo? El tiempo es una preciosa herramienta para alcanzar la abundancia. Aprenda a tomarse su tiempo a medida que se encamina hacia la abundancia. No se afane, avance a un paso seguro. Al avanzar, note las cosas a su alrededor. Si se acelera, se perderá de los detalles. Sea consciente de sus alrededores, de lo que hace y lo que dice. Permanezca consciente; esa es una manera abundante de vivir. Establezca su propio tiempo para manifestar sus sueños y para lograr grandes cosas. "Tomarse su tiempo" significa tomar el tiempo que usted necesita. Usted se merece todas las cosas buenas; tómese su tiempo para reclamar sus beneficios.

Examine los temores que no le permiten realizar sus sueños. ¿Qué pasa si las personas aprecian su trabajo? ¿Qué sucedería? ¿Tendría miedo de estar en un nivel diferente? ¿Teme a tener que trabajar más? El temor bloqueará de inmediato su camino y las oportunidades que se presentan. Pero el temor es sólo un sentimiento. Es otra forma de volverse consciente. El saber y estar consciente de las cosas que lo detienen le da el poder de superarlas. Confronte sus temores. Expóngalos y supérelos; viva la vida que desea. Una vez superado el miedo, muy poco se interpondrá en su camino a realizar sus sueños.

El temor casi nunca es real. Es la sensación representada por el niño que, con temor, insiste en que hay un monstruo en el clóset. El miedo existe en nuestras mentes antes de manifestarse en forma física. Deje de asustarse a sí mismo. No tenga miedo. Escoja lo que lee y lo que ve en televisión. Los medios de comunicación producen e intensifican el miedo.

Evite la tendencia de exagerar las cosas y hacerlas más complicadas de lo que son. Eso es el temor actuando. No piense que no puede tener una casa o un nuevo vehículo. No piense que no es lo suficientemente inteligente para obtener un diploma universitario. Deje de pensar que su nuevo amigo no está interesado en tener un romance con usted. El miedo lo puede detener antes de que le dé una oportunidad a la vida.

Déle una oportunidad a sus sueños

No se rinda al temor o abandone sus sueños y esperanzas prematuramente. Las cosas que suceden en la vida no son tan malas como el temor las hace parecer. El miedo lo limita a tomar acción. Actúe en lugar de subyugarse al temor. ¡No hay un monstruo en el clóset! Regístrese en esa clase en la universidad, invite a ir al cine a esa persona que le gusta. Comience a vivir más allá de sus miedos, no permita que lo detengan o limiten en su paso hacia la abundancia. Recuerde, la abundancia es natural —lo está rodeando por todos lados—. Aprenda a ser parte de la abundancia y disfrute de su vida. No es necesario ser un científico o tener un alto grado de estudios para manifestar sus sueños, sólo se necesita tomar acción.

Identifique que lo está deteniendo y supérelo. La gente creativa sabe cómo es el proceso, y qué sucedería si espera a alguien para que le permita llevar a cabo un proyecto.

La abundancia es mucho más que el deleite financiero y emocional. Es tener el tiempo para disfrutar de la gente y las cosas que le agradan. Como ya lo sabe, sus pensamientos y actitudes pueden interferir en su camino a la abundancia. Puede percibir el proceso más difícil de lo que es, y abandonar la idea de escribir su libro soñado, de aprender a tocar guitarra, de seleccionar la clase para inscribirse. En su lugar, espera por "el momento apropiado".

Ahora es siempre el momento apropiado

Las oportunidades y experiencias no se presentan al menos que sea el momento apropiado. La parte autodestructiva en usted, siempre encontrará la forma de derrotarlo y destruir sus sueños. Cuando esto suceda, retroceda, encarrílese de nuevo en su camino a la abundancia, y continúe con lo que empezó. Muévase en la dirección de sus sueños hasta que se hayan cumplido de la forma deseada. No permita que nada ni nadie interfiera en su realización. Son sus sueños, y depende de usted hacerlos cumplir.

Permítase manifestar y completar sus sueños. Tenga presente que usted se los merece —se merece una vida llena de amor—. Imagínese despertando cada mañana sabiendo que hará las cosas que le gustan con las personas que usted aprecia. Eso es abundancia. Tenga un saludable deseo por más —más diversión, más alegría, más amor, y más experiencias maravillosas en su vida—. Rodéese de gente que lo anima a tener más y a ser más —no menos—. Pase su tiempo con personas alegres que viven sus vidas desde la perspectiva de la abundancia, aquellos que no se preocupan o temen del mañana. Estas personas viven y disfrutan el instante —hoy—. Ellos tienen lo que necesitan y lo que quieren; ni más ni menos.

La abundancia se manifiesta como magia. Antes no podía verla, pero ahora sí. Al principio no podía ver sus deseos materializarse, pero con el tiempo y el conocimiento, ya ha empezado a cambiar. Utilice las herramientas y enseñanzas que ha aprendido, y mantenga este libro, esta guía, a la mano. Una vida de abundancia lo está esperando; salga y conózcala. Disfrute de la experiencia.

Es el momento de iniciar su vida de abundancia

Al caminar en dirección hacia la abundancia, podría sentirse saturado por su presencia. A veces podría sentir que hay muchas cosas sucediendo a la vez. La intensidad de todo lo que está pasando puede confundirlo. Pidió abundancia, la ha recibido, y ahora parece que no sabe cómo manejarla. La abundancia lo satura si escoge percibirla como algo difícil de maniobrar, pero es sólo eso; *sentir* que es demasiado, en opuesto a lo que significa demasiado en *realidad*.

Evite apartarla o abandonarla si siente que es demasiado. La abundancia nunca es demasiado, es lo que ha pedido. Sea consciente de lo que solicita cuando lo pida. Pida sólo lo que quiere que suceda. Cuando su deseo se manifieste, contrólelo para que no lo sature. Acéptelo como la abundancia que es, y que solicitó con anterioridad. No la aparte de su vida. Dígase a sí mismo que su deseo ha llegado y que le crea una gran satisfacción.

Usted se merece la abundancia; abra sus brazos y recíbala en su totalidad. La abundancia llega en el momento indicado y en la cantidad adecuada. Su abundancia llegará —alístese, es lo correcto—. En realidad es más que correcto, es ¡abundancia!

Ábrase a todas las grandes oportunidades de la abundancia. Haga las cosas en este momento, en lugar de más tarde. Ahora es casi siempre el momento correcto. Las cosas que valen la pena tener —una casa, un negocio, o educación— aumentan de valor. Los precios continúan subiendo mientras que usted espera tomar una decisión. Construya la casa de sus sueños pronto, en lugar de uno de estos días. Edúquese lo más pronto posible. No se demore en crear la vida que desea. Tendrá menos remordimientos si hace algo ahora, y no después. A menudo, el deseo que ha aplazado nunca se cumple.

Nunca olvide que la abundancia es posible. La abundancia no es suerte o riqueza, es la forma de vida que desea. Es mucho más que suerte, y se desplaza hacia niveles superiores de la forma de vivir. La abundancia es espiritual, es un regalo del universo. Abra sus brazos y recíbala; es un derecho que le pertenece. Escoja el camino que lo dirija hacia sus deseos y sueños. Tenga el valor de recibir lo que desea. Analice su vida en términos de decisiones, no de sacrificios.

Siéntase orgulloso por sus logros, comparta su buena fortuna con los demás. Haga que las cosas sucedan en su vida, aproveche sus oportunidades. Empiece cada día con la mejor actitud. Usted tiene el poder de hacer lo mejor de cada día, y el poder de crear una buena vida.

¡Felicitaciones. Acaba de ganar un abundante y maravilloso estilo de vida! ¿Qué hará ahora? ¿Dónde vivirá? ¿Con quién vivirá? ¿Qué clase de auto conducirá? Ahora tiene muchas oportunidades a su alcance. Ahora puede crear la vida de sus sueños.

¿Qué está esperando?

El momento es ahora.

Usted tiene todos los recursos .

EL CREDO DE LA ABUNDANCIA

La abundancia es mi derecho de nacimiento.
Llegué a este mundo con la energía de la abundancia.
Soy parte de ella. Ella es parte de mí.
El universo es una eterna fuente de generosidad.
No debo dudar, juzgar o resistirme a la abundancia.
Es simplemente mía para disfrutarla.
Comparto mi bienestar libremente con los demás.
Dejo atrás el temor que me había limitado hasta ahora.
Estoy en mi camino.
No me apego a las cosas y confío en el universo.
Estoy listo para todo lo bueno.
Mis sueños y deseos se manifiestan en el momento indicado.
No quiero nada, pero lo tengo todo.
Soy un espíritu en libertad, siempre en rumbo hacia lo magnífico.
El camino de mi vida está lleno de oportunidades y experiencias.
Las acepto con gratitud.
Ahora veo las cosas desde otra perspectiva.
Veo mis sueños a través de los ojos del universo.
Recibo ayuda de muchas formas.
Observo y noto que mi camino está cubierto con una alfombra roja.
Siempre ha estado allí, pero mi atención estaba en otro lugar.
Miraba en todas las direcciones, menos en mí mismo.
Mi abundancia vive en mí.
La vida es maravillosa.

EXPLORANDO
EL VALOR PERSONAL

Cierre sus ojos y permita que su mente regrese al momento cuando se sentía que no valía la pena o que no se merecía lo que deseaba. ¿Qué era lo que no se merecía? Escriba sus experiencias en un papel.

1. ¿Cómo afectó esa experiencia su valor personal?

2. ¿Cuál fue el mensaje recibido de la experiencia?

3. ¿Cómo lo afecta esa experiencia hoy día? Enumere las cosas por las cuales aún siente que no vale la pena.

4. Cambie el final de esa experiencia para que de esa forma reciba lo que en realidad se merece. Construya un final en donde se merece lo mejor.

5. ¿Qué mensajes pudieron haber sido comunicados con esta nueva experiencia?

Ejemplo

Cuando era pequeño mis padres me dijeron que me pagarían por arreglar mi habitación y por ayudar a los quehaceres de la casa. Me esforzaba por limpiar mi cuarto y por ayudar con frecuencia. Si algo se me olvidaba, me lo recordaban, y yo lo hacía con la condición que me pagarían. Casi siempre se les olvidaba darme mi mesada. Cuando se los recordaba, me decían que me pagarían después. Algunas veces "después" nunca llegó. Otras veces recibía mi mesada, y la colocaba en un lugar seguro en mi cuarto. Cuando a mis padres les hacía falta dinero, me pedían prestado de mi mesada. Algunas veces me pagaban, pero otras no.

1. Siento como si no mereciera tener dinero. El dinero debe ser ganado.

2. El dinero puede pedirse prestado, pero no siempre será retornado. Si tengo dinero, la gente me lo quitará. Puedo trabajar por dinero, pero quizás no lo reciba.

3. Por lo general no tengo dinero en mi bolsillo. Si lo tengo, lo gasto con rapidez. Ahora me siento que no merezco ser compensado por mis esfuerzos. Otras

cosas que creo que no me merezco: el pago, privacidad, la habilidad de tener mi propio dinero, una paga más grande.

4. Mis padres me prometieron una mesada por ayudar en varios quehaceres de la casa. Yo cumplí con mi responsabilidad, y ellos me pagaron lo prometido. Ellos me pagaban cada viernes. Algunas veces me pedían dinero prestado, pero me lo pagaban tan pronto como me lo prometían. Me sentía bien cuando tenía dinero para prestarles.

5. El mensaje posiblemente recibido:
   • Merezco el dinero que he ganado.
   • Es bueno tener dinero.
   • Siempre me retornan mi dinero.
   • Comparto mi dinero sabiendo que se me retornará.

MEDITACIÓN PARA EL TRABAJO IDEAL

Grabe la siguiente meditación para poder escucharla y así tener una mejor experiencia.

Ahora cerraré los ojos y tomaré varias respiraciones profundas. Me imaginaré despertándome en mi trabajo o profesión ideal.

Es el momento de alistarme para ir a mi trabajo ideal diario. Al despertarme, miro la hora en el reloj. Me estoy preparando para el día. Noto que es lo que hago para prepararme para mi trabajo ideal. Camino hacia mi clóset. Noto qué clase de ropa visto para ir a mi trabajo ideal. ¿Escojo mi ropa según mi apariencia, comodidad, o ambas? Me veo a mí mismo juntando las cosas que llevo a este trabajo, si es que necesito llevar algo.

Salgo de mi casa y subo en mi auto. ¿Qué clase de auto manejo? ¿De qué color y marca es? Al manejar, noto cuánto tiempo me toma llegar a mi trabajo. ¿Es un viaje largo o corto? Ahora me veo estacionando mi auto. Noto el edificio de mi trabajo ideal. ¿Cómo luce desde el sitio de estacionamiento? Me veo saliendo del auto y caminando hacia la puerta del edificio. ¿Veo gente al caminar a mi oficina?

Me veo preparándome para iniciar mi día de trabajo. ¿Cómo escojo iniciar mi día? Estoy entrando en mi oficina. Veo a mí alrededor. ¿Cómo luce mi sitio de trabajo? Noto sonidos y olores en mi trabajo ideal. Me pongo al tanto de lo que debo hacer en mi día de trabajo. ¿Qué hago en las mañanas? Noto que el tiempo pasa con rapidez cuando estoy en mi trabajo ideal.

Es la hora del almuerzo. ¿Qué hago en este momento? ¿Almuerzo en la oficina o salgo a algún lugar? ¿Almuerzo solo, o lo hago con un colega? La hora del almuerzo me permite sentirme descansado y listo para el resto del día de trabajo.

Continúo con mi trabajo ideal. Miro el reloj y me doy cuenta que es casi la hora de terminar. Sonrío al saber que es día de pago. Hay un sobre en mi escritorio. Lo abro y encuentro mi paga por las últimas dos semanas. *Veo con asombro la suma de dinero. Encuentro difícil creer que me pagan muy bien por hacer algo que disfruto bastante. Guardo el cheque en un lugar seguro.*

Es hora de salir de la oficina. Me preparo. Apago la luz. Salgo del edificio. Subo en mi auto. Me siento bien por haber tenido un buen día en mi trabajo ideal. Espero con alegría mi próximo día de trabajo. Mi trabajo me da una gran satisfacción.

LECTURAS SUGERIDAS

Ban Breathnach, Sarah. *Simple Abundance: A Daybook of Comfort and Joy.* New York: Warner Books, 1995.

Bolles, Richard Nelson, y Mark Emery Bolles. *What Color Is Your Parachute? 2005: A Practical Manual for Job Hunters and Career Changers.* Revised ed. Berkeley, CA: Ten Speed Press, 2004.

Carlson, Richard. *Don't Worry, Make Money: Spiritual and Practical Ways to Create Abundance and More Fun in Your Life.* New York: Hyperion, 1998.

Choquette, Sonia. *Your Heart's Desire: Instructions for Creating the Life You Really Want.* New York: Three Rivers Press, 1997.

Clason, George S. *The Richest Man in Babylon: The Success Secrets of the Ancients.* New York: Hawthorn, 1955.

Dominguez, Joseph, and Vicki Robin. *Your Money or Your Life: Transforming Your Relationship with Money and Achieving Financial Independence.* New York: Viking, 1992.

Dyer, Wayne W. *Manifest Your Destiny: The Nine Spiritual Principles for Getting Everything You Want.* New York: HarperCollins, 1997.

Gawain, Shakti. *Creative Visualization: Use the Power of Your Imagination to Create What You Want in Your Life.* San Rafael, CA: New World Library, 1995.

Hill, Napoleon. *Think and Grow Rich.* New York: Hawthorn, 1966.

Johnson, Spencer. *Who Moved My Cheese? An Amazing Way to Deal with Change in Your Work and in Your Life.* New York: Simon & Schuster, 1998.

Lore, Nicholas. *The Pathfinder: How to Choose or Change Your Career for a Lifetime of Satisfaction and Success.* New York: Fireside, 1998.

Mundis, Jerrold. *How to Get out of Debt, Stay out of Debt and Live Prosperously.* New York: Bantam Books, 1988.

Orman, Suze. *The Nine Steps to Financial Freedom.* New York: Crown Publishers, 1997.

Peterson, Ellen. *Choosing Joy, Creating Abundance: Practical Tools for Manifesting Your Desires.* St. Paul, MN: Llewellyn Publications, 2004.

Piper, Watty. *The Little Engine That Could.* New York: Grosset & Dunlap, 1978.

Ponder, Catherine. *The Dynamic Laws of Prosperity.* Camarillo, CA: DeVorss & Company, 1997.

————. *Open Your Mind to Prosperity.* Camarillo, CA: DeVorss & Company, 1984.

Ruiz, Don Miguel. *The Four Agreements: A Practical Guide to Personal Freedom.* San Rafael, CA: Amber-Allen Publishing, 1997.

Schechter, Harriet. *Let Go of Clutter.* New York: McGraw-Hill, 2001.

Tieger, Paul D., y Barbara Barron-Tieger. *Do What You Are: Discover the Perfect Career for You Through the Secrets of Personality Type.* Tercera edición. Boston: Little, Brown, 2001.

White, Carolyn J. *Debt No More: How to Get Totally Out of Debt Including Your Mortgage.* Springfield, VA: Clifton House Publishing, 1998.

Wilkinson, Bruce. *The Prayer of Jabez: Breaking Through to the Blessed Life.* Sisters, OR: Multnomah Publishers, 2000.

LLEWELLYN ESPAÑOL

lecturas para la mente y el espíritu...

* Disponibles en Inglés

**Mario Jiménez Castillo
& Martha Graniello Russo**

MAGIA DE LAS FRUTAS
Y VEGETALES

SALUD, COCINA Y BELLESA

Esta obra es una fascinate colección de métodos capaces de producir la magia en las frutas y vegetales. Ésta es una compilación de ritos, recetas tradicionales y conocimientos modernos que le ayudarán a embellecer su salud física, emocional y espiritual.

5" x 9" • 264 págs.

0-7387-0747-3

GUIA PRÁCTICA A LA

VISUALIZACIÓN
CREATIVA

TÉCNICAS EFECTIVAS
PARA LOGRAR LO DESEADO

DENNING & PHILLIPS

Denning & Phillips
GUÍA PRÁCTICA A LA
VISUALIZACIÓN CREATIVA

Transmita y reciba pensamientos a distancia,
ayude a mascotas perdidas a encontrar
su camino de regreso a casa. Comuníquese
con mascotas fallecidas. Esta obra presenta
casos reales sobre las capacidades psíquicas
de las mascotas

5³⁄₁₆" x 8" • 240 págs.
0-7387-0305-2

Richard Webster

QUIROMANCIA PARA PRINCIPIANTES

Realice fascinates lecturas de la mano a
cualquier momento, y en cualquier lugar.
Conviértase en el centro de atención con sólo
mencionar sus habilidades como adivinador.
Una guía que cubre desde las técnicas básicas,
hasta los más recientes estudios en
el campo quiromántico.

5³⁄₁₆" x 8" • 240 págs.

0-7387-0396-6

Sandra Kynes
FENG SHUI
CON GEMAS Y CRISTALES
EQUILIBRANDO LA ENERGÍA NATURAL

El antiguo arte chino del Feng Shui emplea
cristales y gemas para atraer energía positiva
y contrarrestar la negativa en su espacio vital.
Aprenda los conceptos y herramientas básicas
del Feng Shui, las aplicaciones tradicionales
de los cristales y los diferentes atributos
y usos específicos de las gemas.

6" x 9" • 240 Págs.

0-7387-0267-6

Correspondencia la Autora

Para contactar o escribirle al autor, o para mayor información sobre este libro, envíe su correspondencia a Llewellyn Español para serle remitida al mismo. La casa editorial y el autor agradecen su interés y sus comentarios sobre la lectura de este libro y sus beneficios obtenidos. Llewellyn Español no garantiza que todas las cartas enviadas serán contestadas, pero le asegura que serán remitidas al autor.

Ellen Peterson
℅ Llewellyn Worldwide
2143 Wooddale Drive, Dept. 978-0-7387-1076-1
Woodbury, MN 55125-2989 U.S.A.
Incluya un sobre estampillado con su dirección y $US 1.00 para cubrir costos de correo. Fuera de los Estados Unidos incluya el cupón de correo internacional.

Muchos autores de Llewellyn poseen páginas en Internet con información adicional. Para mayor información, visite nuestra página:

http://www.llewellynespanol.com.

¿Qué le gustaría leer?

Llewellyn Español desea saber qué clase de lecturas está buscando y le es difícil encontrar. ¿Qué le gustaría leer? ¿Qué temas de la Nueva Era deberían tratarse? Si tiene ideas, comentarios o sugerencias, puede escribir a la siguiente dirección:

EvaP@llewellyn.com
Llewellyn Español
Attn: Eva Palma, Editora de Adquisiciones
2143 Wooddale Drive
Woodbury, MN 55125-2989 U.S.A.
1-800-THE MOON
(1-800-843-6666)

9/10 (5) 3/10

1/12 (7)

11/13 (8) 9/13

· 11/15 10 2/15